rowohlt
BERLIN

Peter R. Neumann

Die Rückkehr des Terrors

Wie uns der Dschihadismus herausfordert

Rowohlt · Berlin

Originalausgabe
Veröffentlicht im Rowohlt · Berlin Verlag, Oktober 2024

Satz Bridge Text bei Dörlemann Satz, Lemförde
Druck und Bindung GGP Media GmbH, Pößneck
ISBN 978-3-7371-0222-3

INHALT

EINLEITUNG

Im Oktober 2023 ermordet ein Fünfundvierzigjähriger einen schwedischen Fußballfan auf den Straßen von Brüssel, weil dessen Land angeblich den Islam beleidigt hat. Sechs Wochen später ersticht ein Sechsundzwanzigjähriger einen deutschen Touristen in Paris, um die Toten von Afghanistan und Gaza zu rächen. Im März 2024 attackiert ein Fünfzehnjähriger einen orthodoxen Juden in Zürich und zitiert als Rechtfertigung ein Video des Islamischen Staats (IS). Und im Juni versucht ein Fünfundzwanzigjähriger in Mannheim, einen Anti-Islam-Aktivisten anzugreifen, und tötet dabei einen Polizisten.

Alle genannten Attentäter handelten allein und unabhängig voneinander. Sie waren unterschiedlichen Alters, kamen aus verschiedenen Orten, und soweit wir wissen, kannte niemand die jeweils anderen. Dennoch hatten sie etwas gemeinsam: Sie alle verstanden sich als «Soldaten» in einem globalen Krieg, in dem sie und ihre Religion vom Westen und seinen Verbündeten angegriffen werden. Und es war kein Hindernis für sie, dass sie selbst im Westen lebten und Teil westlicher Gesellschaften waren.

Alle Attentate waren – streng genommen – Einzelfälle, begangen von Einzeltätern. Aber die Anzahl dieser Einzelfälle hat sich seit dem Oktober 2023 dramatisch erhöht. Neben den vier erwähnten Anschlägen kam es in Westeuropa in den acht darauffolgenden Monaten zu mindestens dreiundzwanzig weiteren dschihadistischen Anschlägen, Anschlagsversuchen oder Anschlagsplanungen – mehr als viermal so viele wie im gesamten Jahr 2022. Die These dieses Buches ist, dass Europa am Anfang einer neuen terroristischen Welle steht, die den Kontinent noch jahrelang beschäftigen wird.

Die Rede von einer neuen Welle ist weder übertrieben noch alarmistisch. Sie basiert auf der Theorie des Terrorismusforschers David C. Rapoport, der zeit seines Lebens die Muster von terroristischen Bewegungen studiert hat. Wie das Buch zeigt, durchlief Europa in den vergangenen Jahrzehnten bereits zwei solcher Wellen, die jeweils etwa zehn Jahre dauerten. Sie begannen mit einem «einschneidenden Ereignis», worauf eine Phase der Radikalisierung und Repression sowie ein Generationswechsel innerhalb der dschihadistischen Bewegung folgte. Am Ende standen in beiden Fällen eine Gegenreaktion und Erschöpfung.

Der Kristallisationspunkt diesmal ist die Terroroffensive der Hamas vom 7. Oktober 2023 sowie der darauf folgende Konflikt im Nahen Osten. Diese verschafften der zum Beginn der Dekade darniederliegenden dschihadistischen Bewegung nicht nur einen massiven Motivationsschub, sondern auch ein neues Radikalisierungsnarrativ. Die Welle, die jetzt bevorsteht, hat vor allem drei Gesichter: die ambitionierten und zum Teil hochprofessionellen Terroristen des Islamischen Staats Provinz Khorasan (ISPK), die sehr jungen, hauptsächlich im Internet radikalisierten «TikTok-Dschihadisten» und den staatlich gesponserten Terrorismus der iranischen Revolutionsgarden sowie ihrer Partner in der sogenannten «Achse des Widerstands».

Die unterschiedlichen Akteure handeln nicht notwendigerweise gemeinsam, und ihre Ziele und Motivationen weichen zum Teil sehr stark voneinander ab. Doch sie alle haben Europa und europäische Gesellschaften im Visier. Mehr noch: Sie bedrohen die Idee eines pluralistischen Europas, in dem Menschen unterschiedlicher Herkunft und Identität friedlich zusammenleben. Besonders europäische Juden und jüdisches Leben in Europa stehen bereits unter Druck. Sollte die Entwicklung an Fahrt gewinnen, besteht außerdem die Gefahr einer noch tieferen Spaltung der europäischen Gesellschaften und eines «reaktionären» Terrorismus von rechts. In einer Situation, in der der Kontinent ohnehin mit Krisen und Polarisierung kämpft, könnte eine neue Terrorismuswelle so zum politischen Brandbeschleuniger werden.

Die gute Nachricht ist: Es gibt keinen zwingenden Grund, weshalb die bevorstehende Welle so viele Anschläge produzieren muss wie die letzte. Die Geschichte zeigt, dass vom Anfang bis zum Höhepunkt einer Welle meist zwei bis drei Jahre vergehen. Das bedeutet: Wenn Politik, Sicherheitsbehörden und Gesellschaft *jetzt* das Richtige tun, können die schlimmsten Auswirkungen verhindert werden. Hierauf aufmerksam zu machen, ist der Sinn und Zweck dieses Buchs.

Die folgenden Kapitel beleuchten sowohl historische als auch aktuelle Entwicklungen im Bereich des dschihadistischen Terrorismus. Ihr Fokus liegt auf Westeuropa, und sie beruhen auf einer Reihe unterschiedlicher Quellen, die das Phänomen so umfänglich wie möglich abzubilden versuchen. Dazu gehört eine systematische Auswertung aller öffentlich verfügbaren Daten zu terroristischen Anschlägen sowie Anschlagsplänen und ihre Veranschaulichung in verschiedenen Tabellen (siehe Kapitel 5 bis 7). Eine weitere Quelle bilden Gespräche mit fast fünfzig Personen aus einem halben Dutzend europäischer Staaten, die sich mit Terrorismus und Terrorismusabwehr befassen oder davon betroffen sind. Besonders aufschlussreich waren Diskussionen mit Vertretern von Sicherheitsbehörden, die in den meisten Fällen darum gebeten haben, nicht namentlich zitiert zu werden. Alle Interviews wurden im April und Mai 2024 geführt.[1]

Das Buch besteht aus drei Teilen, die miteinander in Verbindung stehen. Im ersten Teil geht es um die Logik dschihadistischer Wellen. Kapitel 1 gibt einen kurzen Überblick über die Ursprünge, Entwicklung und Spielarten des Dschihadismus und erklärt, wie eine Bewegung, deren Wurzeln in der mehrheitlich muslimischen Welt liegen, den Westen erreichte. Kapitel 2 und Kapitel 3 beschreiben die zwei dschihadistischen Wellen, von denen Westeuropa in vergangenen Jahrzehnten betroffen war: die Welle, die von den Terroranschlägen auf die Vereinigten Staaten am 11. September 2001 ausgelöst wurde, und die sogenannte Syrien-Welle, die mit dem Konflikt in Syrien zu Beginn der 2010er-Jahre ihren Anfang nahm.

Im zweiten Teil geht es dann um die bevorstehende Welle. Kapitel 4 behandelt die Auswirkungen der Ereignisse vom 7. Oktober 2023 und zeigt, wie diese zum Auslöser und Katalysator einer neuen terroristischen Welle wurden. Die darauffolgenden Kapitel beschreiben die verschiedenen Elemente, die während dieser Welle eine Rolle spielen werden: den ISPK, den aktuell aggressivsten Ableger des IS, der mit aller Macht versucht, Anschläge in Europa durchzuführen (Kapitel 5), den Aufstieg sogenannter TikTok-Dschihadisten, zum Teil sehr junger Teenager, die sich mithilfe der sozialen Medien radikalisieren (Kapitel 6), und die Rolle des Iran und seines internationalen Netzwerks, der sogenannten «Achse des Widerstands» (Kapitel 7).

Der dritte Teil des Buchs beschäftigt sich mit den Konsequenzen und Herausforderungen für Europa. Dabei stehen besonders zwei Aspekte im Vordergrund: Kapitel 8 widmet sich der Situation europäischer Juden, die sich durch die Auswirkungen des 7. Oktober, steigenden Antisemitismus und die Gefahr dschihadistischer Anschläge existenziell bedroht fühlen. Kapitel 9 erklärt, wie ein erstarkender

Dschihadismus die gesellschaftliche Polarisierung und sogar den Rechtsterrorismus befeuern könnten.

Das Buch endet mit einer Reihe von Leitlinien, die dabei helfen sollen, die Fehler der Vergangenheit zu vermeiden. Die wichtigste davon ist: Wir müssen *jetzt* handeln, damit die Welle nicht noch weiter an Fahrt aufnimmt. Denn schon heute ist klar: Europa steht ein schwieriger Spagat zwischen Terrorismusabwehr und gesellschaftlichem Zusammenhalt bevor. Für die Idee eines demokratischen und pluralistischen Europas wird die Rückkehr des Terrors dadurch zum zentralen Test.

TEIL I

Dschihadistische Wellen

1. Vom nahen zum fernen Feind

Die Idee, dass Terrorismus in Zyklen verläuft, ist nicht neu. Bereits vor über zwanzig Jahren veröffentlichte der amerikanische Historiker David C. Rapoport einen Artikel über «die vier Wellen» des modernen Terrorismus. Darin vertritt er die These, dass man die Geschichte des modernen Terrorismus in vier jeweils vierzigjährigen Wellen zusammenfassen könne. Die erste Welle begann demnach in den 1880er-Jahren mit den Anarchisten, denen unter anderem der Zar von Russland, die Kaiserin von Österreich und der amerikanische Präsident zum Opfer fielen. Die zweite Welle, ab etwa 1920, drehte sich um Fragen nationaler Selbstbestimmung und führte zur staatlichen Unabhängigkeit von vielen vormals europäischen Kolonien in Afrika und Asien. Die dritte Welle entstand aus der Studentenbewegung der 1960er und produzierte den Terrorismus der sogenannten «Neuen Linken» – darunter die deutsche Rote-Armee-Fraktion. Die vierte Welle war der religiöse Terrorismus, dessen Beginn Rapoport auf das Jahr 1979 datiert und zu der auch dschihadistische Gruppen wie al-Qaida und der sogenannte Islamische Staat (IS) zählen.[1]

Rapoports Wellentheorie war nützlich, denn sie zeigte, dass Terrorismus weder endlos ist noch aus dem luftleeren Raum kommt, sondern stets – und sehr eng – mit den großen revolutionären Strömungen der jeweiligen Zeit verwoben ist. Doch seine Theorie erfuhr auch Kritik. Immer wieder hieß es, dass sie den rechtsextremistischen Terrorismus nicht ausreichend berücksichtige – ein Punkt, den Rapoport kurz vor seinem Tod Anfang des Jahres 2024 durch Hinzufügen einer «fünften Welle» korrigierte.[2] Viel Diskussion gab es auch über die Länge und den Ablauf der Wellen.

Rapoport wurde vorgeworfen, er habe die Anfangs- und Schlusspunkte so gesetzt, dass sie zu seiner Vorstellung von vierzigjährigen Zyklen passten, auch wenn einige der von ihm veranschlagten Wellen in Wirklichkeit deutlich kürzer (Neue Linke) oder länger (Antikolonialismus) dauerten. Die grundsätzlichste und hieran anknüpfende Kritik war, dass Rapoport keine überzeugende Erklärung dafür bieten konnte, aus welchem Grund terroristische Wellen nach vierzig Jahren enden sollten.[3]

Diese Probleme lassen sich auch an der vierten, also der religiösen Welle erkennen. Rapoport hatte zweifellos recht damit, dass die zunehmende Politisierung von Religion – die er in allen großen Religionen feststellte – eine weitere Bruchlinie war, aus der im Laufe der Zeit politische Konflikte, Gewalt und Terrorismus entstehen würden. Und er lag ebenfalls richtig, als er konstatierte, dass der Islam «im Mittelpunkt» dieser Welle stehen würde. Doch laut Rapoports Theorie hätte die religiös(-dschihadistische) Welle bereits 2019 – also vierzig Jahre nach ihrem Beginn – auslaufen müssen. Genau das tat sie aber nicht. Statt zu enden, hat sich der dschihadistische Terrorismus in den 2020er-Jahren fortgesetzt und seit den Ereignissen vom 7. Oktober 2023 sogar erneuert.

Mehr noch: Das Muster, das sich aus einer Gesamtbetrachtung des modernen Dschihadismus ergibt, ist nicht eine Vierzig-Jahres-Welle, wie von Rapoport postuliert, sondern es sind mehrere Miniwellen. Jede dieser Wellen beginnt mit einem einschneidenden Ereignis und führt nach Phasen der Repression und Radikalisierung etwa zehn bis zwölf Jahre später schließlich zu einer Gegenreaktion und zur Erschöpfung der Bewegung.

Wie dieser Teil des Buchs zeigt, lässt sich damit die Entwicklung des Dschihadismus viel überzeugender erklären als mit der Idee eines einzigen Zyklus. Die nächsten Kapitel beschreiben die ersten zwei dieser Wellen: diejenige des 11. September, die besonders nach der amerikanischen Irak-Invasion an Fahrt gewann (Kapitel 2), und die Syrien-Welle, die zur Entstehung des IS führte (Kapitel 3). Zuerst jedoch geht es darum, woraus der Dschihadismus eigentlich besteht – und wie er in den Westen kam.

Ideologische Wurzeln

Ebenso wie alle anderen Wellen entwickelte sich auch der dschihadistische Terrorismus nicht im luftleeren Raum. Er wurzelt in einer breit aufgestellten politischen Bewegung, die im Laufe der Zeit unterschiedliche Akteure und Strömungen hervorgebracht hat. Im Falle der Dschihadisten ist diese Bewegung der sogenannte Islamismus, der beginnend im späten 19. Jahrhundert durch das Aufeinandertreffen von Islam und westlicher Moderne entstanden ist. Islamisten begreifen den Islam nicht nur als Religion, sondern vor allem als politische Ideologie, nach der alle Aspekte des gesellschaftlichen Lebens gestaltet werden sollen. In letzter Konsequenz streben sie Staaten an, in denen weltliche Herrschaft durch religiöse – konkret: islamische – Herrschaft ersetzt wird.[4] Die Dschihadisten bilden hiervon eine Untergruppe: Sie sind der Überzeugung, dass zur Errichtung islamistischer Herrschaft der Einsatz gewaltsamer Mittel nicht nur notwendig, sondern verpflichtend ist.[5]

Anknüpfungspunkte zum Dschihadismus gibt es in allen Strömungen des Islamismus.[6] Eine erste davon ist die Muslimbruderschaft, die vom ägyptischen Lehrer Hasan al-Banna im Jahr 1928 gegründet wurde. Al-Banna war ein strenggläubiger Mann, der den Vormarsch westlicher Ideen als dekadent und zerstörerisch empfand. Um zu alter Stärke zurückzufinden, müsse Ägypten die westlichen Werte zurückdrängen und den Islam wieder deutlicher in den Vordergrund stellen, so al-Banna. «Islam ist die Antwort» wurde zum Motto seiner Organisation, die mittels Wohlfahrtsvereinen, Schulen, Krankenhäusern und Berufsverbänden versuchte, die Gesellschaft «von unten» zu islamisieren. Ein Jahrzehnt nach ihrer Gründung hatte die Muslimbruderschaft eine halbe Million Mitglieder, und ein weiteres Jahrzehnt später existierten Ableger in allen arabischen Ländern. Bis heute ist sie die größte islamistische Organisation weltweit.[7]

Mit bewaffnetem Kampf hatten die Muslimbrüder zunächst wenig zu tun, doch das änderte sich unter dem Einfluss von Sayyid Qutb, ebenfalls ein ägyptischer Lehrer, der wegen seiner Ansichten von der damaligen Militärregierung gefoltert und im Jahr 1966 gehenkt wurde. Qutb vertrat die These, dass moderne muslimische Staaten – wie etwa Ägypten – nicht weniger «heidnisch» und korrumpiert seien als der Westen. Die wenigen wahren Muslime lebten seiner Auffassung nach in feindlichen Gesellschaften, was bedeutete, dass für sie alle Mittel legitim seien, um gegen diese anzukämpfen. Im Gegensatz zu al-Banna, dessen Ansatz vergleichsweise pragmatisch und auf schrittweise Veränderung angelegt war, predigte Qutb gewaltsame Revolution.

Eine zweite Strömung ist der sogenannte Salafismus. Ähnlich wie die Muslimbruderschaft entstand dieser aus der Suche nach einer vom Westen und der Moderne unabhängigen Identität.[8] Stärker noch als die Muslimbrüder setzen Salafisten auf eine fundamentalistische – das heißt wortwörtliche – Auslegung ihrer Religion, die jede Form von Innovation ablehnt und sich ausschließlich am Leben des Propheten Mohammed und seiner engsten Gefährten (arabisch: *Salaf*) orientiert. Eine besonders harsche Version dieses Ansatzes etablierte sich in Saudi-Arabien, wo die Rückbesinnung auf das «Eigene» stets mit Feindschaft gegenüber «Ungläubigen» und nichtsalafistischen Muslimen einherging.

Salafisten sind ultrakonservativ und suchen häufig den Rückzug aus der Gesellschaft. Doch mit dem Aufstieg der Muslimbruderschaft infizierte Qutbs revolutionärer Virus auch diese Strömung. Einer der häufig genannten Gründe dafür ist, dass in den Jahren nach Qutbs Tod viele seiner Anhänger aus Ägypten nach Saudi-Arabien flohen. Dazu gehörte auch sein Bruder Mohammed, der an saudischen Universitäten lehrte und dort eine Synthese zwischen den zwei Traditionen schuf. Das Ergebnis war eine Art revolutionärer Salafismus, der unter bestimmten Bedingungen auch den Einsatz gewaltsamer Mittel guthieß und im Laufe der 1970er sogar das saudische Königshaus infrage stellte.[9]

Eine dritte Strömung entspringt dem *schiitischen* Islam und damit der kleineren der zwei islamischen «Konfessionen». Sie entstand in den 1960er-Jahren im Iran, dem größten schiitischen Land, und wurde von dem Geistlichen Ruhollah Chomeini angeführt, der in dem säkularen, proamerikanischen und proisraelischen Schah Reza Pahlavi ein perfektes Feindbild fand. Im Vergleich zu den anderen Strömungen war Chomeinis Bewegung breiter aufgestellt, hatte linke und sogar liberale Partner und integrierte viel stärker auch Elemente des «antiimperialistischen» Diskurses, der zu dieser Zeit an westlichen Universitäten in Mode kam.[10]

Doch letztlich war auch Chomeini ein Islamist. Seine wichtigste Doktrin, die er Anfang der 1970er-Jahre im irakischen Exil erarbeitete und lange Zeit geheim hielt, nannte sich «Statthalterschaft der Rechtsgelehrten» und sah vor, dass jedes Gesetz von islamischen Gelehrten geprüft werden musste.[11] Trotz linker Rhetorik und weltlicher Einflüsse ging es also auch in dieser Strömung darum, das Primat religiöser Herrschaft durchzusetzen – notfalls mit Gewalt.

Wendepunkt 1979

Das Jahr 1979 wurde, wie schon Rapoport feststellte, zum Wendepunkt für die islamistische Bewegung. Das wahrscheinlich wichtigste Ereignis fand gleich zu Beginn statt. Im Laufe des Jahres 1978 wurden die Demonstrationen gegen das Regime des Schahs im Iran immer größer, und selbst die gefürchtete Geheimpolizei bekam die Lage nicht mehr in den Griff. Nachdem der Schah am 16. Januar 1979 aus dem Iran geflohen war, kehrte Chomeini in sein Heimatland zurück, setzte sich an die Spitze der Oppositionsbewegung und rief am 1. April die «Islamische Republik» aus. Obwohl es also Schiiten und nicht Sunniten waren, die mit Chomeini an die Macht kamen, entfaltete die Revolution überall in der muslimischen Welt enorme Wirkung. Zum ersten Mal hatten Islamisten in der Auseinandersetzung mit einem repressiven und vom Westen unterstützten Regime einen Sieg errungen – noch dazu in einem großen und geopolitisch wichtigen Land. Kurzum: Der Islamismus schien auf der richtigen Seite der Geschichte zu stehen.[12]

Innerhalb weniger Jahre begann der Iran damit, seine Revolution zu «exportieren». Als Israel im Jahr 1982 im benachbarten Libanon einmarschierte, war das neue Regime sofort zur Stelle, um dort eine islamistische Miliz aufzubauen, die den verhassten «Judenstaat» und seine westlichen Verbündeten bekämpfte. Im darauffolgenden Jahr erzielte die so entstandene Hisbollah (deutsch: «Partei Gottes») ihren ersten wichtigen Erfolg, als sie mit einem Selbstmordanschlag den Abzug einer internationalen Friedensmission erzwang. Seitdem ist die Gruppe nicht nur Bestandteil der proiranischen «Achse des Widerstands» (siehe Kapitel 7), sondern auch eine feste Größe in der libanesischen Politik.

Genauso wichtig war jedoch, was sich im mehrheitlich sunnitischen Teil der Region abspielte. Im November 1979 belagerten salafistische Dschihadisten zwei Wochen lang die Große Moschee im saudischen Mekka – der heiligsten Stätte des Islam. Dies war der bis dahin kühnste Aufstandsversuch gegen das Königshaus und konnte nur mithilfe französischer Spezialeinheiten niedergeschlagen werden. Der saudischen Regierung kam es in dieser Situation gerade recht, dass die Sowjetunion drei Wochen später in Afghanistan einmarschierte und die amerikanische Regierung nach Verbündeten suchte, um den Sowjets eine Niederlage zu bereiten. Statt ins Gefängnis schickte die saudische Regierung die Aufmüpfigen zum Dschihad ins ferne Afghanistan, wo sie zwar nicht gegen Amerika oder das eigene Königshaus, aber immerhin gegen gottlose Kommunisten kämpfen konnten.[13]

Zum Chef des sogenannten Dienste-Büros, das die Afghanistan-Mission organisierte, wurde der palästinensische Islamgelehrte Abdullah Azzam. Seine Anwerbungsbemühungen – die weit über die Vorstellungen seiner saudischen Auftraggeber hinausgingen – waren so erfolgreich, dass sich nicht nur zahlreiche Saudis zum Dschihad in Afghanistan meldeten, sondern Rekruten aus dem gesamten Nahen Osten, Nordafrika und sogar aus Westeuropa und Nordamerika. Hierdurch globalisierte sich der salafistische Dschihadismus, und es entstand eine Art «dschihadistische Internationale», an der sich nach Schätzungen des Forschers Thomas Hegghammer bis zu zwanzigtausend Auslandskämpfer beteiligten. Der prominenteste von ihnen war der saudische Unternehmersohn Osama bin Laden, der ab 1984 eine enge Beziehung zu Azzam entwickelte.[14]

Bis heute ist umstritten, welchen Anteil die arabischen Auslandskämpfer am Sieg der afghanischen Mudschaheddin über die Sowjets hatten. Historische Studien zeigen, dass nur die wenigsten tatsächlich an Kampfhandlungen beteiligt waren und dass es – wenn überhaupt – nur eine einzige Schlacht gab, in der die Auslandskämpfer ausschlaggebend waren.[15] Doch für Azzam, bin Laden und andere damals führende Figuren spielte das keine Rolle: Die Botschaft, die sie weltweit unter Salafisten verbreiteten, war, dass die arabischen Kämpfer die Sowjetunion in Afghanistan besiegt und damit den Kollaps des sowjetischen Imperiums in Gang gesetzt hatten. Hieraus entstand der für die weitere Entwicklung des Dschihadismus zentrale Mythos, dass Gotteskämpfer, die zu allem entschlossen waren, selbst übermächtige Feinde besiegen konnten.[16]

Neben der iranischen Revolution und der Globalisierung des salafistischen Dschihads gab es noch eine dritte Entwicklung, die um das Jahr 1979 ihren Anfang nahm: die Islamisierung der palästinensischen Frage. Diese war jahrelang von der Palästinensischen Befreiungsorganisation (PLO) dominiert worden und hatte in der ersten Hälfte der 1970er-Jahre auch einige Erfolge erzielt – so zum Beispiel die Anerkennung Palästinas in den Vereinten Nationen.[17] In der zweiten Hälfte des Jahrzehnts kam der Fortschritt jedoch ins Stocken. Die israelische Besatzung der palästinensischen Gebiete im Westjordanland und Gaza verfestigte sich, und im Jahr 1979 schloss Ägypten sogar einen Friedensvertrag mit Israel. Dies wurde als großer politischer Durchbruch gesehen, weil Ägypten bis dahin als Israels mächtigster Feind galt und noch sechs Jahre vorher einen Krieg gegen den «jüdischen Staat» geführt hatte.

Von der Ernüchterung im palästinensischen Lager profitierten ab Anfang der 1980er-Jahre vor allem die Muslimbrüder. Diese hatten sich lange Zeit auf Seelsorge und die Schaffung von Wohlfahrtsorganisationen beschränkt, so wie von al-Banna ursprünglich vorgesehen. Doch nach Ausbruch eines Aufstands im Gazastreifen im Dezember 1987 (der sogenannten Intifada) gewannen die Befürworter eines bewaffneten Dschihad die Oberhand und gründeten dort eine separate Organisation, die sich «Islamische Widerstandsbewegung» – abgekürzt: Hamas – nannte. Im Gegensatz zur PLO rechtfertigte die neue Gruppe den Kampf gegen Israel nicht mehr nur nationalistisch, sondern auch religiös: «Es gibt keine Lösung für die palästinensische Frage außer durch den Dschihad», hieß es in der Gründungscharta.[18] Gegen Ende der Dekade hatte der islamistische «Virus» damit auch Konflikte erreicht, die bis dahin als rein säkular galten.

Strategiewechsel

Dass der Dschihadismus zur direkten Bedrohung für den Westen werden würde, war zu Beginn der 1990er-Jahre keinesfalls abzusehen. Noch weniger plausibel erschien es, dass die größte Gefahr nicht von den Muslimbrüdern oder schiitischen Islamisten, sondern von den salafistischen Dschihadisten ausgehen würde. Doch mit dem Ende des Kalten Krieges kam eine Reihe von Entwicklungen in Gang, die genau dieses Szenario begünstigten.

Ausschlaggebend war, dass sich die Vereinigten Staaten mit ihrem Sieg über die Sowjetunion am Beginn eines «ewigen Friedens» wähnten und innerhalb kurzer Zeit jegliches Interesse an Afghanistan verloren. In der Folge wurden die salafistischen Auslandskämpfer ihrem Schicksal überlassen, und viele von ihnen blieben zunächst in der Region, da kaum eines ihrer Heimatländer sie zurückwollte. Bin Laden und seinen Mitstreitern fiel es unter diesen Umständen leicht, aus den frustrierten Kämpfern ein Netzwerk zu formen, das nach dem «Sieg» in Afghanistan auch an anderen Orten zum Einsatz kommen sollte. Bereits 1988 hatte man zu diesem Zweck eine Liste zusammengestellt, die die Namen williger Rekruten enthielt. Ihr Name war «die Basis» – auf Arabisch: al-Qaida.[19]

Anfangs gab es unterschiedliche Vorstellungen davon, was mit diesem Netzwerk passieren sollte. Für diejenigen, die es irgendwie in ihre Heimatländer zurückgeschafft hatten, stand zunächst der «nahe Feind» – also die eigenen säkularen Diktatoren – im Vordergrund. Bis Mitte der 1990er-Jahre kamen infolgedessen überall im Nahen Osten und in Nordafrika Terrorbewegungen auf, die häufig von «Afghanistanveteranen» angeführt wurden und eine neue Generation von Anhängern radikalisierten. Besonders stark betroffen waren Algerien und Ägypten, wo Salafisten und Muslimbrüder auf derselben Seite, wenn auch für teils unterschiedliche Ziele kämpften. Bin Laden steuerte diese Bewegungen nicht, aber er unterstützte sie – nicht zuletzt mit finanziellen Mitteln, weswegen er lange Zeit vor allem als «Mäzen» des Terrors galt.[20]

Eine zweite Idee bestand aus einer Art «mobilen Eingreiftruppe», die immer dann zum Einsatz kommen sollte, wenn vermeintlich muslimisches Territorium von «Ungläubigen» bedroht oder besetzt wurde. Dies war Azzams Vision, die er vor seinem Tod im Jahr 1989 mit engen Vertrauten diskutiert hatte.[21] Eine erste Gelegenheit, sie in die Tat umzusetzen, ergab sich in Bosnien, wo die muslimische Bevölkerung einer Vernichtungskampagne ausgesetzt war. Bis 1995 mobilisierten salafistische Netzwerke für die Auseinandersetzung mit serbischen Milizen bis zu zweitausend Auslandskämpfer. Ab 1994 entstand durch den Tschetschenien-Konflikt dann eine weitere «Front» – in diesem Fall zur Unterstützung der Unabhängigkeitsbewegung gegen Russland. In beiden Konfrontationen galten die ausländischen Dschihadisten als besonders brutal und fanatisch.[22]

Dass es noch eine dritte Option gab – nämlich den Kampf gegen den Westen –, hatte selbst Mitte der 1990er noch kaum jemand im Blick. Westliche Geheimdienste begriffen den Dschihadismus zunehmend als «regionalen Terrorismus», von dem man glaubte: «Das betrifft uns nicht!»[23] Selbst renommierte Nahostexperten waren überzeugt, der Islamismus habe seinen Zenit längst überschritten und die brutalen Terroreinsätze würden seinen Niedergang noch beschleunigen.[24] Solche Einschätzungen waren falsch, denn sie übersahen die strategische Umorientierung, die sich zu dieser Zeit innerhalb der Bewegung abspielte. Nachdem viele der Terrorkampagnen im Nahen Osten gescheitert waren, kam bin Laden zu dem Schluss, dass man zuerst gegen die westlichen «Strippenzieher», ganz besonders die Vereinigten Staaten, kämpfen müsse, deren Geld, Waffen und politische Unterstützung die lokalen Herrscher angeblich erst so stark werden ließen. Statt des «nahen» sollte fortan der «ferne Feind» im Vordergrund stehen.[25]

Anzeichen dafür, dass die salafistischen Dschihadisten auch den Westen im Visier hatten, gab es bereits in der ersten Hälfte der 1990er-Jahre, nicht zuletzt mit dem (ersten) Angriff auf das World Trade Center in New York City im Februar 1993 oder den Anschlägen algerischer Salafisten in Frankreich in den Jahren 1994 und 1995.[26] Doch systematisch wurde die Kampagne erst in der zweiten Hälfte der Dekade, als bin Laden den USA sowie allen anderen «Kreuzüglern und Zionisten» offiziell den Krieg erklärte.[27] Zu

Hilfe kam ihm dabei, dass sich in Afghanistan nach Jahren des Bürgerkriegs die fundamentalistischen Taliban durchgesetzt hatten und ihm (sowie anderen Afghanistanveteranen) Unterschlupf gewährten. Ab 1996 eröffnete bin Laden dort mehrere Trainingslager und schuf so einen Dreh- und Angelpunkt für die nächste Generation von Dschihadisten. Gleichzeitig fungierten die Lager als Operationsbasis für die immer komplexeren terroristischen Anschläge, die sein Netzwerk gegen den Westen plante.

Die «Einschläge» wurden nun immer häufiger. Im August 1998 verübte al-Qaida einen Selbstmordanschlag auf die US-Botschaften in Kenia und Tansania, bei dem 224 Menschen starben. Im darauffolgenden Jahr verhinderte das FBI mehrere Anschläge an der amerikanischen Westküste, die zur Jahrtausendwende stattfinden sollten. Im Oktober des Jahres 2000 gelang al-Qaida ein Angriff auf einen US-Zerstörer, der vor der jemenitischen Küste geankert hatte.[28] Und spätestens ab 1997 liefen auch die Vorbereitungen für den größten und spektakulärsten Angriff aller Zeiten: die Anschläge vom 11. September 2001.[29]

In gewisser Hinsicht hatte der dschihadistische Terrorismus also bereits vor dem 11. September seinen ersten Minizyklus durchlaufen. Beginnend mit dem vermeintlichen Triumph über die Sowjetunion, deren Abzug aus Afghanistan im Jahr 1989 endete, exportierten die Afghanistanveteranen den «globalen Dschihad» in ihre (meist arabischen) Heimatländer und auf alle «Schlachtfelder» der muslimischen Welt. An den meisten Orten erlitt ihre Kombination aus exzessiver Gewalt und fanatischer Ideologie schwere Niederlagen – aber nicht, ohne vorher eine neue Generation von Kämpfern radikalisiert zu haben. Der «Glücksfall» für bin Laden war, dass ihm die Taliban gerade rechtzeitig eine Operationsbasis und einen Rückzugsraum boten, wo er den

Konflikt neu definieren und sein Netzwerk zu einer globalen und primär gegen Amerika und seine Verbündeten gerichteten Terrorgruppe umbauen konnte. Dies ermöglichte eine neue Welle, die mit den Anschlägen vom 11. September 2001 ihren Anfang nahm.

2. Die Welle des 11. September

Noch Anfang des Jahres 2001 wurde die terroristische Bedrohung im Westen kaum wahrgenommen. Die neue Regierung unter George W. Bush in den Vereinigten Staaten verkündete stolz, sie wolle sich nach Jahren der außenpolitischen Verwirrung wieder auf «das Wesentliche» konzentrieren, nämlich den geopolitischen Wettbewerb mit China und Russland. Das bedeutete: Die Jagd auf bin Laden und sein Netzwerk, die Bushs Vorgänger Bill Clinton in den 1990ern mit Nachdruck betrieben hatte, war keine Priorität mehr.[30] Zu dieser Stimmung passte auch ein Beitrag des ehemaligen CIA-Beamten Larry Johnson, der in der «New York Times» erschien. «Ich hoffe auf eine Welt, in der Fakten und nicht Fiktionen unsere Politik bestimmen», so Johnson fast genau zwei Monate vor dem 11. September: Der islamistische Terrorismus «ist nicht die größte Sicherheitsherausforderung für die Vereinigten Staaten und sollte auch nicht so dargestellt werden».[31]

Dementsprechend schwer war der Schock, als al-Qaida am 11. September mit mehreren von Selbstmordattentätern gesteuerten Flugzeugen in New York, Washington und Pennsylvania fast dreitausend Menschen tötete und die beiden Türme des World Trade Center zum Einsturz brachte. Es war der – bei Weitem – größte und tödlichste Anschlag in der Geschichte des modernen Terrorismus. Mehr noch: Es war eine tiefe Demütigung für Amerika, das sich in den Jahren nach Ende des Kalten Krieges für unbesiegbar hielt und dank der Ausbreitung der Demokratie sogar ein «Ende der Geschichte» prophezeit hatte. Noch am Abend des 11. September rief Präsident Bush einen «Krieg gegen den Terror» aus und machte die Bekämpfung des islamistischen Terrorismus zum alles überragenden Ziel seiner Regierung. Der Autor Paul Auster schrieb einige Tage später: «Jetzt erst beginnt das 21. Jahrhundert.»[32]

Der Anschlag selbst war ein Produkt dessen, was sich seit 1989 in Afghanistan und anderswo zusammengebraut hatte. Eine erste Version des Angriffsplans war bereits Mitte 1996 entstanden und stammte von Chalid Scheich Mohammed, einem pakistanischen Ingenieur, der eng mit bin Laden zusammenarbeitete. Auf der Suche nach geeigneten Rekruten wurde man ausgerechnet in Deutschland fündig. Über einen Afghanistanveteranen, der auch in Bosnien gekämpft hatte, kam der Kontakt zu Mohammed Atta zustande – einem jungen Ägypter, der in Hamburg studierte und sich dort mit einigen Freunden radikalisiert hatte. Atta wollte eigentlich in Tschetschenien kämpfen, aber landete stattdessen in Afghanistan, wo er 1999 zum Anführer der insgesamt neunzehn Flugzeugentführer bestimmt wurde.[33] Kurzum: Ohne das weltweite Netzwerk, das sich im Laufe der 1990er-Jahre ausbreitete, wären die Anschläge so nicht möglich gewesen.

Die Welle, die Atta und seine Mitstreiter losgetreten hatten, entwickelte in den darauffolgenden Jahren eine eigene Dynamik. Sie kam nicht durch die Anschläge selbst in Gang, sondern vor allem durch die westliche Antwort auf sie: Insbesondere der Irak-Krieg im Frühjahr 2003 verursachte eine massive Radikalisierung von salafistischen Dschihadisten, die die Bewegung in Europa sowohl verjüngte als auch «europäisierte». Die Folge waren zahlreiche Anschläge, aber letztlich auch eine Gegenreaktion, die die Welle am Ende der Dekade zum Erliegen brachte.

Bis heute ist umstritten, was genau bin Laden mit den Anschlägen bezweckte.[34] Sollte es ihm darum gegangen sein, neue Anschläge zu initiieren oder die Mobilisierung für al-Qaida anzukurbeln, wurde er (zunächst) enttäuscht. Obwohl sich Menschen überall auf der Welt plötzlich für al-Qaida interessierten und jeder verstehen wollte, was Atta und seine Mitstreiter zu ihrer Tat motiviert hatte, gab es in den Wochen darauf keinen Rekrutierungsschub, geschweige denn weitere Anschläge. (Terrorverdächtige, die zu dieser Zeit verhaftet wurden, waren in der Regel seit Jahren in dschihadistischen Netzwerken aktiv gewesen.)[35] Dafür erreichte bin Laden ein anderes Ziel: Es war ihm gelungen, die globale Aufmerksamkeit auf sich zu lenken und einen direkten Konflikt mit der «einzig verbliebenen Supermacht» – den USA – zu provozieren, in dem er sich als zentralen Kämpfer für die «islamische Sache» aufspielen konnte.[36]

Und in der Tat: Praktisch alle Aspekte des «Kriegs gegen den Terror» spielten den Dschihadisten früher oder später in die Hände. Dies begann mit der Invasion Afghanistans und dem Sturz der Taliban-Regierung im November 2001. Eigentlich sollte Afghanistan der am wenigsten kontroverse Teil des Kriegs sein, denn es gab einen konkreten Zusammenhang mit den Anschlägen vom 11. September, und Bush hatte klargemacht, dass er das Land nur als «ersten Stopp» in seinem Feldzug gegen den islamistischen Terrorismus sah.[37] Doch sobald die Taliban gestürzt waren, änderte sich der Plan. Plötzlich hieß es, man müsse im Land bleiben, die neue Regierung stabilisieren und den Afghanen dabei helfen, ihre Gesellschaft nach westlichem Vorbild zu «modernisieren». Aus den westlichen «Befreiern» wurden so im Laufe der Jahre «Besatzer». Und als es ab 2006 wieder zum Konflikt mit den Taliban kam, fanden sich Amerika und seine europäischen Verbündeten in der gleichen Rolle wie die Sowjetunion in den 1980ern wieder, nämlich als ungeliebte Unterstützer einer korrupten Regierung, die jahrelang nur durch politische, finanzielle und vor allem militärische Hilfe von außen überlebte.[38]

Mindestens genauso problematisch waren die Maßnahmen zur Zerstörung von al-Qaidas globalem Netzwerk. Unmittelbar nach dem 11. September gingen westliche Sicherheitsbehörden davon aus, dass sich weitere Anschläge in Planung befanden, und Amerika war fest entschlossen, diese zu verhindern. In Guantanamo, einer US-Militärbasis, die außerhalb der amerikanischen Gerichtsbarkeit auf Kuba lag, entstand deshalb ein Gefangenenlager, wo mutmaßliche Dschihadisten auf unbestimmte Zeit festgehalten und gefoltert wurden. Wie sich später herausstellte, existierten ähnliche Einrichtungen – sogenannte *Black Sites* – in einer Reihe befreundeter Staaten, darunter Litauen und Polen. In bestimmten Fällen verschickte man Verdächtige auch in Diktaturen, wie etwa Ägypten und Syrien, wo sie ebenfalls gefoltert wurden. Je mehr über diese Vorfälle an die Öffentlichkeit drang, desto größer der Aufschrei, und besonders Guantanamo wurde innerhalb kurzer Zeit zum weltweiten Symbol für amerikanische Doppelmoral.

Die stärksten negativen Auswirkungen hatte jedoch der Irak-Krieg im Frühjahr 2003. George W. Bush und seine engsten Vertrauten waren der Auffassung, dass eine «Befreiung» des Landes einfach sein würde und dass die Demokratie dort ähnlich schnell Wurzeln schlagen werde wie in Deutschland oder Japan nach dem Zweiten Weltkrieg. Einige hofften sogar, dass sich die Demokratie vom Irak aus im gesamten Nahen Osten verbreiten und damit den Dschihadisten das Wasser abgraben würde. Doch statt in die Demokratie führte die Invasion zu einem katastrophalen Bürgerkrieg, der dschihadistische Gruppen beförderte und die gesamte Region destabilisierte. Die jahrelange Präsenz amerikanischer Truppen und ihre Beteiligung an Kriegsverbrechen verstärkten den Eindruck, dass es dem Westen nicht um «Befreiung», sondern um Unterdrückung ging. Und viele Muslime kamen zu der Überzeugung, dass sich Amerikas globaler Krieg nicht gegen den Terrorismus richtete, sondern gegen den Islam.

Europäisierung

Der Irak-Krieg hatte erhebliche Konsequenzen für die dschihadistische Bewegung in Europa. Die erste: Ihre Anhängerschaft wuchs signifikant an. In Großbritannien etwa stieg die Zahl der Hinweise auf neue Gruppen und Anschlagspläne so rapide, dass die Behörden in den Jahren 2003 und 2004 völlig überwältigt waren. Die damalige Chefin des britischen Inlandsgeheimdienstes erklärte später, dass sich während dieser Zeit «eine ganze Generation» junger Muslime radikalisiert habe.[39] Selbst in Ländern, die der amerikanischen Invasion widersprachen, ging die Kurve steil nach oben. Laut Guido Steinberg, der damals im Bundeskanzleramt für Terrorismusbekämpfung zuständig war, gab es in Deutschland ein großes Potenzial an marginalisierten jungen Muslimen. «Doch es brauchte einen Auslöser», so Steinberg, «und Irak war der wichtigste von allen.»[40]

Die zweite Konsequenz war eine Konsolidierung des Dschihadismus. Vor dem Irak-Krieg bestand die Bewegung in Europa meist aus regional orientierten Gruppen, denen es nicht vorrangig um den «globalen Dschihad» ging, sondern um die Konflikte in ihren jeweiligen Heimatländern.

Die britischen Sicherheitsbehörden sprachen von einer «islamistischen Suppe» – einer Vielzahl von Netzwerken mit ähnlicher Ideologie, die aber in der Praxis an völlig unterschiedlichen «Fronten» kämpften.[41] Dies begann sich bereits durch die Anschläge vom 11. September zu verändern, doch erst mit dem Irak-Krieg entstand ein übergeordneter Kristallisationspunkt, der die Gruppen einte und zur Zusammenarbeit motivierte. Regionale Ziele und Interessen gerieten dadurch in den Hintergrund, und mehr denn je waren Dschihadisten unterschiedlicher Herkunft bereit, sich bin Laden, seinem Netzwerk und der transnationalen Agenda, die es repräsentierte, unterzuordnen.

Dies ging einher mit einer dritten Veränderung: der Europäisierung der Bewegung. Während der Dschihadismus in Europa vor dem Irak-Krieg noch weitgehend von Flüchtlingen, Asylbewerbern und Migranten der ersten Einwanderergeneration dominiert wurde, strömten danach verstärkt junge, in Europa geborene Muslime in die Bewegung, die zur zweiten oder gar dritten Generation gehörten und deren Lebensmittelpunkt nicht mehr in der Heimat ihrer Eltern oder Großeltern lag, sondern in Europa. Auch Konvertiten aus dem Christentum und anderen Religionen fanden sich vermehrt in salafistisch-dschihadistischen Gruppen. Im Vordergrund standen deshalb fortan nicht mehr nur Konflikte innerhalb der muslimischen Welt, sondern auch Fragen und Probleme der europäischen Politik, wie etwa Diskriminierung und Islamfeindlichkeit. Dies spiegelte sich ebenso in der dschihadistischen Propaganda wider, die immer stärker Themen wie das französische «Kopftuchverbot», Mohammed-Karikaturen und islamfeindliche Äußerungen europäischer Politiker aufgriff und sie als Bestandteil des westlichen «Kriegs gegen den Islam» präsentierte.[42]

Diese Entwicklungen erklären das Ausmaß und den Charakter der terroristischen Welle ab 2003. Während in den Jahren zwischen 1996 und 2002 in Europa nur elf dschihadistische Anschläge oder Anschlagspläne dokumentiert sind (etwa anderthalb pro Jahr), erhöhte sich die Zahl in den darauffolgenden sieben Jahren auf einundvierzig (fast sechs pro Jahr).[43] Der größte dieser Anschläge fand genau dreieinhalb Jahre nach dem 11. September 2001 statt: Am Morgen des 11. März 2004 kamen durch Anschläge auf Pendlerzüge in Madrid insgesamt 193 Menschen ums Leben. Der Zusammenhang mit dem Irak-Krieg war klar: Spanien hatte die amerikanische Invasion unterstützt, und die Attentäter wollten das Land dafür nicht nur bestrafen, sondern eine Kursänderung erzwingen. Dies gelang ihnen auch: Bei den Nationalratswahlen drei Tage später gewannen die oppositionellen Sozialisten, die noch in der Wahlnacht einen Rückzug aus dem Irak ankündigten – aus dschihadistischer Sicht ein großer Triumph.[44] Wie sich später herausstellte, bestand die Terrorzelle des Anschlags in Madrid aus nordafrikanischen Migranten, die erst seit wenigen Jahren in Spanien lebten und sich dort mit Jobs oder Kleinkriminalität ihren Lebensunterhalt verdienten. Ihre Chefs und Hintermänner waren fest in das Veteranennetzwerk integriert, das nach dem antisowjetischen Dschihad in Afghanistan im Laufe der 1990er entstanden war, und unterhielten enge Kontakte nach London und Marokko. In mehrfacher Hinsicht wurzelte der Anschlag also in der vorherigen Welle, doch die enge Zusammenarbeit zwischen mehreren regionalen Gruppen und al-Qaida war ungewöhnlich und deutete auf eine Konsolidierung hin.[45]

Eine ähnliche Logik hatten die Anschläge am 7. Juli 2005 in London, bei denen zweiundfünfzig Menschen starben. Auch hier ging es um die Unterstützung der Regierung für den Irak-Krieg, und auch hier wurde argumentiert, dass die Bevölkerung für die Handlungen ihrer Regierung verantwortlich sei, da sie diese ja demokratisch gewählt habe. Der Unterschied war, dass drei der vier Attentäter in Großbritannien geboren waren und sich dort radikalisiert hatten. (Der vierte war ein achtzehnjähriger, in Jamaika geborener Konvertit.) Ihre Motivation waren nicht Konflikte in den Heimatländern ihrer Eltern oder Großeltern, sondern das, was sie in ihrer eigenen Heimat Großbritannien erfahren und erlebt hatten. Sie alle folgten radikalen Predigern, die in englischer Sprache für ihre Ansichten warben.[46] Und sie alle kamen zu der Überzeugung, dass es legitim sei, Menschen, die ihre Nachbarn oder Studienkollegen hätten sein können, in die Luft zu sprengen. «Wir sind im Krieg, und ich bin ein Soldat», erklärte Mohammad Khan, der älteste der Attentäter, in seinem Märtyrervideo: «Jetzt werdet auch ihr die Realität dieser Situation spüren.»[47]

Ein weiteres Beispiel aus dieser Zeit ist die niederländische Hofstadgruppe. Zu ihr gehörten etwa fünfzehn Personen, von denen fast alle in den Niederlanden geboren worden waren. Ihr Anführer war Mohammed Bouyeri, ein Kleinkrimineller aus Amsterdam, der sich durch die Irak-Invasion radikalisiert hatte. Sein Hauptmotiv war der Krieg, aber in vielen Fällen verband dieses sich mit anderen, davon unabhängigen Themen, wie etwa der niederländischen Immigrationspolitik und angeblichen Beleidigungen gegen den Islam. Im Gegensatz zu den Attentätern von Madrid und London lehnte er wahllose Anschläge ab, hielt es aber für gerechtfertigt, vermeintliche Gegner des Islam zu bestrafen: «Die Niederlande sind jetzt unser Feind», schrieb er im Sommer 2003, «aber unser Ziel sind nicht unsere Nachbarn, sondern Abtrünnige [vom Glauben] und solche, die sich wie Feinde verhalten.»[48] Dies war das Motiv für seinen Mord an dem Filmemacher (und Islamkritiker) Theo van Gough, den er im November 2004 auf dem Weg zur Arbeit niederschoss, erstach und anschließend zu enthaupten versuchte.[49]

Gegenreaktion

Trotz – oder gerade wegen – des Erfolgs dschihadistischer Gruppen kam es in der zweiten Hälfte der 2000er-Jahre zu einem Backlash. Ein erstes Anzeichen dafür gab es im Irak, wo eine Vorläufergruppe des IS – der Islamische Staat im Irak (ISI) – zunehmend an Territorium gewonnen hatte und eine Schreckensherrschaft zu etablieren begann. Selbst der Al-Qaida-Führung und anderen Aufständischen im Irak ging die Brutalität des ISI und ihres Anführers, des Jordaniers Abu Musab al-Zarqawi, zu weit, und ab etwa 2006 schlossen sich verschiedene Milizen, die vorher *gegen* die Amerikaner gekämpft hatten, mit ebenjenen zusammen. Dies war der entscheidende Faktor, der bis zum Ende der Dekade eine Beruhigung des Bürgerkriegs herbeiführte. Vom ISI war im Jahr 2010 nach Meinung vieler Beobachter praktisch nichts mehr übrig.[50]

Ein ebenso schwerer – wenn auch rein intellektueller – Rückschlag für die Dschihadisten ereignete sich 2007. Damals veröffentlichte Sayyed Imam Al-Sharif – besser bekannt als «Dr. Fadl» – seine sogenannten «Revisionen», eine Art Kritik der dschihadistischen Doktrin. Fadl war jahrelang Anführer der ägyptischen «Al-Dschihad»-Gruppe gewesen, hatte in Afghanistan gekämpft und sogar das Trainingshandbuch für Auslandskämpfer verfasst. Es gab nur wenige Dschihadisten, die innerhalb der Bewegung über mehr Glaubwürdigkeit verfügten. Doch gerade Fadl distanzierte sich nun von al-Qaida und verurteilte terroristische

Anschläge gegen Zivilisten. «Nichts in der Scharia gebietet es, Juden oder Christen zu töten», hieß es in dem Dokument. Und weiter: «Wenn sich Tugend mit Untugend mischt, dann wird alles zur Sünde.»[51] Sein Urteil über al-Qaidas Dschihadismus war so vernichtend, dass bin Ladens Stellvertreter Ayman al-Zawahiri eine eigene Stellungnahme veröffentlichen musste, in der er Fadl Korruption und Verrat vorwarf.[52]

Auch unter westlichen Dschihadisten gab es mehr und mehr Zweifel. Einer der prominentesten Kritiker war Abu Basir, ein in London ansässiger Ideologe, der sich Mitte 2006 auf eine mehrstündige Debatte in einem englischsprachigen Online-Forum einließ. Die Unterstützer von al-Qaidas Strategie brachten dort das Argument vor, dass es verboten sei, gegenüber «Ungläubigen» irgendeine Form von Mitleid zu zeigen, weshalb Anschläge wie etwa in London und Madrid islamisch korrekt seien. Basir entgegnete, dass der Islam keine «kollektive Rache» kenne und der Koran an mehreren Stellen sogar zum Schutz von Zivilisten auffordere.[53] Auch wenn unklar ist, wessen Meinung sich am Ende durchsetzte: Dass eine solche Debatte überhaupt stattfand, war neu und zeigte die Verunsicherung, die sich innerhalb der dschihadistischen Szene breitgemacht hatte.

Hinzu kam, dass die repressiven Maßnahmen in Europa und anderswo ab Mitte der Dekade zielgerichteter – und damit wirksamer – wurden. Obwohl die Welle des 11. September auf den ersten Blick «führerlos» erschien, gab es bestimmte Netzwerke und Personen, die für ihre Dynamik entscheidend waren. Sobald diese «Knotenpunkte» identifiziert waren, gelang es den Sicherheitsbehörden nach und nach, die Bewegung durch gezielte Festnahmen und Ausweisungen lahmzulegen. Eine ähnliche Entwicklung ließ sich auch international beobachten: Statt mit weiteren Invasionen die internationale Konfliktlage anzuheizen, konzentrierte sich der «Krieg gegen den Terror» auf die Führungsriege von al-Qaida, die sich im Nordwesten Pakistans und Teilen des Jemen versteckt hielt. Wenn auch kontrovers, so trugen amerikanische Drohnenangriffe in den Jahren 2008 bis 2010 ganz erheblich dazu bei, al-Qaida zu dezimieren.[54]

Spätestens 2011 war die Welle des 11. September in Europa aus all diesen Gründen eindeutig vorbei. Nachdem die Sicherheitsbehörden eine Reihe weiterer großer Anschläge verhindert hatten, blieb al-Qaida nichts anderes übrig, als die Strategie zu ändern. Genau zu dieser Zeit begann die Gruppe, über Online-Magazine wie beispielsweise «Inspire» den Mythos des «einsamen Wolfs» zu propagieren, der seine Ideen vorrangig aus dem Internet bezog und dann auf eigene Faust – das heißt mit einfachsten Mitteln und ohne irgendeine Form von Absprache oder Koordination – Ziele in seiner Heimat angriff.[55] Bei Sicherheitsbehörden verursachte dies (verständlicherweise) viel Sorge und Aufregung, doch in Wirklichkeit war diese neue Strategie kein Zeichen der Stärke, sondern ein Hinweis auf al-Qaidas Schwäche.

3. Die Syrien-Welle

Etwa zehn Jahre nach den Anschlägen vom 11. September 2001 war man sich im Westen einig, dass der dschihadistische Terrorismus am Ende sei. Besonders nach der Tötung bin Ladens durch ein amerikanisches Spezialkommando im Mai 2011 wollten politische Eliten auf beiden Seiten des Atlantiks das Kapitel Terrorismusbekämpfung so schnell wie möglich abschließen. Journalisten erklärten den «Krieg gegen den Terror» für gewonnen,[56] der amerikanische Verteidigungsminister Leon Panetta sah al-Qaida kurz vor einer «strategischen Niederlage»,[57] und Nahost-Experten meinten, dass die «am meisten gefürchtete und gehasste Terrororganisation der Welt (...) so gut wie verschwunden» sei.[58]

Dieser Optimismus gründete nicht nur auf den militärischen Erfolgen bei der Zerstörung al-Qaidas, sondern auch auf den politischen Entwicklungen, die sich in der arabischen Welt abzeichneten: besonders jene Bewegung, die ab Januar 2011 als «Arabischer Frühling» bekannt wurde. Zuerst in Tunesien und anschließend in Ägypten kam es in diesem Jahr zu friedlichen Revolutionen, die säkulare Diktatoren aus dem Amt vertrieben. Überall im Nahen Osten fanden Demonstrationen statt, die Freiheit und Demokratie einforderten. Besonders junge Menschen – und solche aus der Mittelklasse – schienen gegen den Status quo aufzubegehren. Im Westen beobachtete man diese Entwicklungen mit großem Enthusiasmus: «Fast alle waren betrunken von der Idee, dass die arabischen Staaten jetzt zu Demokratien würden», erinnert sich der französische Politikwissenschaftler Bernard Rougier.[59] Dschihadismus und die Idee, dass politische Veränderung in der arabischen Welt nur durch Gewalt möglich sei, hatten in dieser Erzählung keinen Platz mehr.

Doch der vermeintliche Frühling wurde bald zum Winter. Viele der Bewegungen, die im Zuge des Arabischen Frühlings entstanden, blieben erfolglos. In manchen Ländern übernahmen nicht Demokraten, sondern Islamisten die Kontrolle. Und in einigen Fällen führte das Aufbegehren nach Freiheit und demokratischen Rechten zu brutaler Repression und Bürgerkrieg. Dies war besonders in Syrien der Fall, wo der Arabische Frühling mit einigen Monaten Verzögerung begann, dann aber zu umso heftigeren Verwerfungen führte. Innerhalb von nur zwei Jahren radikalisierte sich die dortige Opposition und produzierte mit dem sogenannten Islamischen Staat (IS) die grausamste und gleichzeitig ambitionierteste salafistisch-dschihadistische Organisation aller Zeiten.

Ausgestattet mit einer globalen Agenda, kämpfte der IS nicht nur gegen die syrische Regierung oder für sein Kalifat, sondern spätestens ab 2014 auch gegen den Westen. Die Folge war eine noch nie dagewesene Terrorwelle mit Anschlägen in nahezu jedem westeuropäischen Staat. Wie auch in der vorigen Welle kam es zu einem Generationswechsel, der die Bewegung dramatisch veränderte und einen neuen Tätertypus – den Gangster-Dschihadisten – in den Vordergrund rückte. Letztlich gab es aber auch hier eine Gegenreaktion, diesmal vor allem militärischer Art, die das Kalifat zerstörte und damit das Unbesiegbarkeitsnarrativ der Dschihadisten widerlegte.

Syrien versinkt im Chaos

Syrien war der Anfangspunkt dieser neuen Welle. Das Land unterschied sich von den meisten anderen Staaten des Arabischen Frühlings dadurch, dass seine Regierung kein Verbündeter des Westens war und in einigen Bereichen – wie etwa dem israelisch-palästinensischen Konflikt – sogar eine antiwestliche Politik verfolgte. Der syrische Präsident Baschar al-Assad war sich deshalb zunächst sicher, dass sein Land von den Rufen nach einem Regimewechsel verschont bleiben würde.[60] Doch im Februar 2011 erreichte der Arabische Frühling auch Damaskus. Wie andernorts ging es nicht vorrangig um internationale Politik, sondern um Korruption, Willkür und den Mangel an wirtschaftlicher Entwicklung im eigenen Land. Der Unterschied zu den übrigen Schauplätzen des Arabischen Frühlings war, dass die Demonstrationen in Syrien auch eine konfessionelle Komponente hatten, denn seit Jahrzehnten wurden dort nahezu alle Machtpositionen in Politik, Wirtschaft und Sicherheitsbehörden von religiösen Minderheiten – speziell Alawiten, aber auch Christen, Drusen und Schiiten – besetzt.

Aus Assads Perspektive waren die Diktatoren in Tunesien und Ägypten viel zu zimperlich gewesen und hatten das Entstehen der Protestbewegung zu lange toleriert.[61] Statt mit Konzessionen begegnete er den Demonstranten deshalb von Anfang an mit Härte: Nach Ansicht des Historikers John McHugo wollte der syrische Präsident seiner Bevölkerung «eine Lektion erteilen».[62] Zum Wendepunkt wurden die Proteste in der Stadt Hama, wo trotz Verboten im Juli 2011 fast vierhunderttausend Menschen auf die Straße gingen. Assad ließ Panzer aufrollen und auf die Demonstranten schießen – fast zweihundert Menschen starben. Doch statt die Bevölkerung einzuschüchtern, erreichte er damit das Gegenteil: Der Konflikt eskalierte, noch mehr Leute demonstrierten, und immer öfter kam es zu Gewalt gegen die Polizei und das Militär. Noch im selben Monat sprach das Rote Kreuz zum ersten Mal von Bürgerkrieg.[63]

Innerhalb der folgenden zwei Jahre versank das Land

im Chaos. Bis zum Ende der Dekade forderte der syrische Bürgerkrieg bis zu sechshunderttausend Todesopfer; die Hälfte der Bevölkerung musste fliehen, etwa sieben Millionen davon ins Ausland. Zu dieser dramatischen Eskalation trugen mindestens drei Entwicklungen bei. Erstens: Je gewaltsamer der Konflikt wurde, desto stärker trennten sich die politischen Lager entlang konfessioneller Linien. Bereits 2012 ging es vielerorts nicht mehr um politisch-ideologische Anliegen, sondern vorrangig um eine Auseinandersetzung zwischen religiös und ethnisch definierten Gruppen. Zweitens: Der Konflikt internationalisierte sich. Während Russland und der Iran Assad unterstützten, standen der Westen, die Türkei sowie Saudi-Arabien und die übrigen Golfstaaten auf der Seite der Opposition. Syrien wurde zum Schauplatz eines Stellvertreterkriegs, und von allen Richtungen strömten Waffen und Geld ins Land. Drittens kam es zu einer Dschihadisierung. Unter den über viertausend bewaffneten Gruppen, die ein Thinktank im Sommer 2013 in Syrien zählte,[64] gab es immer mehr islamistische Gruppen, die ihres Eifers wegen als besonders gute Kämpfer galten und vor allem von den Golfstaaten gefördert wurden. Auch für Assad kämpfte zu dieser Zeit bereits eine dschihadistische Gruppe, nämlich die libanesische Hisbollah.

Entscheidend war in diesem Zusammenhang, dass der Islamische Staat im Irak (ISI), der in seinem Heimatland fast vollständig besiegt worden war, mit Syrien ein neues Schlachtfeld entdeckte. Ab 2012 kamen die übrig gebliebenen Mitglieder der Gruppe ins Land und gründeten die Al-Nusra-Front, von der sich im Frühjahr 2013 der Islamische Staat abspaltete. Inmitten von Chaos und ohne nennenswerte Opposition eroberte der IS innerhalb weniger Monate große Gebiete im Osten Syriens und überschritt Anfang 2014 die Grenze (zurück) in den Irak. Im Juli 2014, also wenig mehr als ein Jahr nach seiner Gründung, besiegte er dann die irakische Armee in der Millionenstadt Mossul und rief sein sogenanntes Kalifat aus. Auf dem Höhepunkt seiner Macht in den Jahren 2014 bis 2016 herrschte der IS über knapp zehn Millionen Menschen und ein Territorium von der Größe Großbritanniens. Und sogar außerhalb der Region gelang es der Gruppe in dieser Zeit, in Afrika und anderen Teilen des Nahen Ostens sogenannte «Provinzen» zu errichten – die stärksten davon in Libyen.[65]

Gangster-Dschihadismus

Obwohl der IS im Irak und in Syrien «zu Hause» war, verstand er seine Kampfhandlungen von Anfang an als Teil eines globalen Kriegs. Und es dauerte nicht lange, bis dieser auch Europa erreichte. Der Ansatz des IS war dabei anders als der von al-Qaida in der vorherigen Welle. Er setzte weniger auf Ideologie oder gar Theologie, sondern stärker auf simple Rache- und Gewaltfantasien, mit denen er die sozialen Medien flutete.[66] Dahinter stand die Logik, dass man alle Ungerechtigkeiten, die Muslimen im Laufe der Geschichte widerfahren seien, mit brutaler Härte rächen und die Feinde des Islam gnadenlos bestrafen würde.[67] Gewalt war für den IS also nicht «letztes Mittel», das besonderer Rechtfertigung bedurfte, sondern sie wurde verherrlicht oder gar zelebriert. Zugleich war sie auch – und vor allem – ein Instrument der Selbstermächtigung, das den Führungsanspruch des Kalifats (und all derer, die sich ihm zugehörig fühlten) zum Ausdruck brachte.

Dies fand seine Entsprechung in der Art und Weise, wie der IS kämpfte, nämlich an allen Fronten und mit allen verfügbaren Mitteln. Einerseits ermutigte man Muslime aus der ganzen Welt, ins Kalifat zu ziehen, sich dort dem IS anzuschließen und beim Aufbau der vermeintlich perfekten islamischen Gesellschaft mitzuarbeiten. Mehr als fünftausend Westeuropäer begaben sich größtenteils in den Jahren 2013 bis 2016 nach Syrien und in den Irak, wo sie für den IS kämpften, Propaganda produzierten oder ihn durch andere Tätigkeiten unterstützten.[68] Doch auch wer in Europa blieb, konnte zum «Soldaten» oder gar «Märtyrer» werden, zum Beispiel indem er sich IS-affinen Netzwerken anschloss, Spenden sammelte oder als «einsamer Wolf» zum Terroristen wurde. Anders als bei al-Qaida gab es keine großen Diskussionen darüber, unter welchen Umständen bestimmte Ziele legitim waren: Dem IS galten alle Aspekte des Lebens in westlichen Gesellschaften als falsch und feindlich und durften ohne Einschränkungen angegriffen werden. Wer Teil des IS war, konnte seinem Hass freien Lauf lassen.

Die Entideologisierung des salafistischen Dschihadismus, die mit dem Aufstieg des IS Einzug hielt, vergrößerte auch den Pool an potenziellen Rekruten. Die neuen Anhänger waren nicht mehr notwendigerweise fromme Studenten, die nach einem gottesfürchtigen Leben strebten, sondern Kleinkriminelle oder Abenteuerlustige, die den IS als eine Art Gang begriffen, die zusätzlich zu Macht und Nervenkitzel auch eine Form von Erlösung bot. Auf einem Rekrutierungsposter hieß es: «Manchmal schaffen Menschen mit der schlimmsten Vergangenheit die beste Zukunft.»[69] Die starke Präsenz in den sozialen Medien führte außerdem zur Öffnung für sehr junge Unterstützer, die nach einer «Gegenkultur» suchten, sowie für Mädchen und junge Frauen, von denen sich viele ab 2014 auch auf den Weg ins sogenannte Kalifat machten.[70]

Die hieraus resultierende Terrorwelle übertraf die vorherige bei Weitem. Bereits in den ersten Jahren, zwischen

2011 und 2014, als das Hauptziel der Rekrutierung noch auf der Ausreise nach Syrien lag, lassen sich in Europa zweiunddreißig Anschläge oder gut dokumentierte Anschlagspläne identifizieren (durchschnittlich acht pro Jahr); auf dem Höhepunkt der Welle, in den Jahren 2015 bis 2017 waren es einundachtzig (im Durchschnitt siebenundzwanzig pro Jahr); und selbst danach, in den Jahren 2018 bis 2022, kam es noch zu siebenundsechzig (etwa zwölf pro Jahr).[71] Praktisch alle westeuropäischen Staaten und viele europäische Hauptstädte waren im Laufe der Jahre betroffen. Die erste davon war Brüssel, wo im Mai 2014 ein Anschlag auf das Jüdische Museum stattfand, bei dem vier Menschen starben. Der Attentäter war ein neunundzwanzigjähriger Franzose namens Mehdi Nemmouche, der bereits im Dezember 2012 nach Syrien ausgereist war und sich zuerst der Nusra-Front und später dem neu gegründeten IS anschloss. Nemmouche war nicht nur der erste sogenannte «Syrien-Rückkehrer», der in Europa einen Anschlag verübte, sondern auch in anderer Hinsicht ein Prototyp: Wie viele der Attentäter, die ihm folgten, hatte auch er eine turbulente Jugend hinter sich, war bereits im Alter von sechzehn Jahren mehrfach vorbestraft (unter anderem wegen schweren Raubs) und radikalisierte sich während einer fünfjährigen Gefängnisstrafe.[72]

Den Höhepunkt erreichte die Welle mit den Anschlägen am 13. November 2015 in Paris, bei denen insgesamt einhundertdreißig Menschen ums Leben kamen. Dies war eine koordinierte und von langer Hand geplante Operation, die sich gegen verschiedene Ziele richtete: ein Fußballspiel zwischen Deutschland und Frankreich, ein Rockkonzert in den Räumen des Bataclan (bei dem allein neunzig Menschen starben) sowie mehrere Cafés und Restaurants. Der Ablauf des Attentats wurde in dem vom IS kontrollierten Territorium in Syrien vorbereitet, doch die Mehrheit der Terroristen stammte aus Frankreich und Belgien.[73] Drahtzieher war der damals achtundzwanzigjährige Abdelhamid Abaaoud aus Brüssel, der in den Jahren 2013 und 2014 mehrmals nach Syrien reiste und dort für den IS kämpfte. Das Netzwerk, das er während dieser Zeit aufbaute, war für zahlreiche Terroroperationen verantwortlich und existierte nach den Anschlägen von Paris fort. Genau wie Nemmouche hatte auch Abaaoud eine Vergangenheit als Kleinkrimineller und empfand einen tiefen Hass auf den Westen. «Es macht keine Freude, Blut zu vergießen», schrieb er in sein Tagebuch, «aber es ist schön, von Zeit zu Zeit das Blut der Ungläubigen zu sehen.»[74]

Der aus deutscher Sicht bedeutendste Anschlag war jener vom Berliner Breitscheidplatz am 19. Dezember 2016. Wie nur wenige Monate zuvor in Nizza wurde dort ein Lastwagen in eine Menschenmenge gesteuert – eine Anschlagsmethode, die der IS seit Jahren in Online-Magazinen beworben hatte. Anders als etwa bei den Anschlägen von Paris gab es hier jedoch nur einen einzigen Attentäter, den vierundzwanzigjährigen Anis Amri.[75] Dieser wurde in Tunesien geboren und flüchtete 2011 nach Italien, wo er vier Jahre lang wegen Körperverletzung und Brandstiftung im Gefängnis saß. Nach seiner Freilassung reiste er nach Deutschland und beantragte Asyl. In den etwa sechzehn Monaten bis zum Anschlag führte Amri eine Schattenexistenz, reiste viel, handelte mit Drogen (und konsumierte diese auch), war aber gleichzeitig in der Salafistenszene unterwegs und hatte «religiöse Phasen». Die deutschen Behörden konnten sich daraus keinen Reim machen, und als Amri wenige Wochen vor dem Anschlag wieder einmal beim Konsum von Drogen beobachtet wurde, schlussfolgerte man, dass seine Radikalisierung wohl verebbt sei, und stellte die Überwachung ein. Dass in Deutschland offenbar noch niemand von dem Typus des Gangster-Dschihadisten gehört hatte, wurde den dreizehn Opfern vom Breitscheidplatz zum Verhängnis.[76]

Verlierer

Der Kampf des Westens gegen den IS war zum Zeitpunkt von Amris Anschlag bereits in vollem Gange. Schon im August 2014 war es zu ersten Luftschlägen auf das IS-Territorium in Syrien und dem Irak gekommen, und im Jahr darauf entstand die «Globale Koalition» gegen den IS, die auf ihrem Höhepunkt fast neunzig Staaten und internationale Organisationen umfasste. Die wichtigste Rolle in den Gefechten spielten neben den USA das irakische Militär sowie kurdische Milizen, die den IS am Boden bekämpften. Am Ende der Amtszeit des US-Präsidenten Barack Obama im Januar 2017 hatte man bereits über vierzig Prozent des Territoriums zurückgewonnen, fast zweieinhalb Millionen Menschen von der Herrschaft des IS befreit, und auch Mossul war größtenteils wieder in den Händen der irakischen Regierung. Obamas Nachfolger, Donald Trump, setzte die Kampagne fort, und im Herbst 2018 waren vom einst so mächtigen Kalifat nur noch wenige Dörfer entlang der syrisch-irakischen Grenze übrig.[77]

Kurzum: Der Kriegseinsatz gegen den IS war ein voller Erfolg. Im Gegensatz zur Irak-Invasion im Jahr 2003 hatte er ein erreichbares, klar definiertes Ziel und verzichtete auf eine großflächige Besatzung durch westliche Truppen. Auch wenn die politischen Probleme, die zur Entstehung des Terrorismus geführt hatten, ungelöst blieben, gelang es, die Organisation IS fast vollständig zu vernichten. Dies war wichtig, weil dem IS dadurch seine Operationsbasis verloren ging, aber insbesondere auch, weil es seine Erzählung widerlegte, wonach das Kalifat groß und unbesiegbar war. Ein vermeintlich «tausendjähriges Reich», das sich innerhalb kurzer Zeit in Luft auflöste, konnte nicht mehr so tun, als sei es Teil eines göttlichen Plans. Wichtiger noch: Es taugte nicht mehr als Symbol der Selbstermächtigung, mit dem es kleinen Gangstern möglich wurde, sich als Vorboten einer islamischen Weltherrschaft aufzuspielen.

Auch diesmal gab es eine theologische Auseinandersetzung mit dem IS, die aber weit weniger entscheidend war als in der vorherigen Welle. Das lag zum einen daran, dass sich kaum respektierte Gelehrte fanden, die die Gräueltaten des IS rechtfertigen wollten; und zum anderen besaß Theologie innerhalb des IS ohnehin nur eine geringere Bedeutung. Die Folge war, dass die Strukturen, durch die zuvor Tausende von Menschen in terroristische Netzwerke gelangt waren, parallel zur militärischen Niederlage des IS «austrockneten» – sei es, weil ihre Köpfe im Gefängnis saßen oder weil es kaum noch Nachfrage gab. Der Hype war vorbei, und niemand wollte ein «Loser» – ein Verlierer – sein.

Diese Entwicklung spiegelte sich auch in der Häufigkeit und in der Art von terroristischen Anschlägen wider. Wie bereits erwähnt, ging ihre Zahl ab 2018 deutlich zurück, und obwohl es selbst beim Auslaufen der Welle jedes Jahr zu zahlreichen Anschlägen und Anschlagsversuchen kam, waren die Attentäter fast ausschließlich Einzeltäter oder «einsame Wölfe», deren Attacken meist scheiterten oder nur relativ wenige Opfer forderten. Der letzte größere Anschlag, der vom IS für sich reklamiert wurde, war der Anschlag von Wien im November 2020, bei dem vier Menschen ihr Leben verloren. In den darauffolgenden Jahren, also 2021 und 2022, starben in ganz Europa nur jeweils zwei Personen durch dschihadistische Anschläge – die niedrigste Zahl seit 2011.[78] Der Dschihadismus schien – wieder einmal – am Ende.

TEIL II

Die Welle des 7. Oktober

4. Der 7. Oktober 2023

Anfang des Jahres 2023 interessierte sich kaum noch jemand für den dschihadistischen Terrorismus. Im Gegenteil: Nationale Sicherheitsstrategen fast aller westlicher Staaten spielten sein Bedrohungspotenzial herunter. Als größere Gefahr galt mittlerweile der Rechtsextremismus, vor allem aber auch Russland, dessen Überfall auf die Ukraine im Februar 2022 zum alles überragenden Thema wurde. Die Sicherheitsstrategie der USA vom Oktober 2022 erwähnt Terrorismus erst im letzten Kapitel,[1] in der britischen Strategie vom März 2023 kommt der Begriff nur zweimal vor,[2] und die deutsche Sicherheitsstrategie vom Juni 2023 widmet ihm nur einen einzigen Absatz.[3] Mit anderen Worten: Ein Thema, das mehr als zwanzig Jahre lang das Denken von Sicherheitspolitikern dominiert hatte, wurde plötzlich zweitrangig. Der IS galt als besiegt, und noch nicht einmal Experten wagten es, seine Rückkehr zu prophezeien.[4] Claudia Dantschke von der Präventionsberatung Grüner Vogel sagt heute, selbst ihre Kollegen hätten geglaubt: «Das mit den Dschihadisten ist vorbei – wir müssen uns jetzt was anderes suchen.»[5]

Doch dann kam der 7. Oktober 2023. Bereits am frühen Morgen feuerte die Hamas etwa dreitausend Raketen von ihrer Hochburg im Gazastreifen aus auf Israel. Wenig später stürmten zweitausend Kämpfer die Grenze und drangen kilometerweit in israelisches Territorium vor, wo sie zwei Militärbasen, die Kleinstadt Sderot, ein halbes Dutzend Dörfer und zwei Musikfestivals angriffen. Dabei töteten sie unzählige Menschen und verübten grauenhafte Massaker, besonders an Frauen, die missbraucht und teils mehrfach vergewaltigt wurden. Wie mittlerweile dokumentiert, war dies kein Zufall oder eine spontane Entscheidung: Die Täter trugen Zettel bei sich, auf denen stand: «Töte so viele, wie du kannst!» Knapp 1250 Menschen kamen so zu Tode, 250 wurden als Geiseln genommen. Es war der erste Übergriff auf israelisches Territorium seit der Gründung des Staates Israel und die größte Anzahl von Juden, die seit dem Holocaust an einem Tag getötet wurden. Für Israelis – und Juden weltweit – war der 7. Oktober ein Trauma und eine Zäsur.

Die Antwort Israels war dementsprechend hart. Schon am Tag darauf begannen Luftangriffe auf Tausende von Zielen im Gazastreifen. Am 27. Oktober marschierten auch Bodentruppen ein, und große Teile der Bevölkerung mussten – mit nur wenigen Tagen Vorbereitungszeit – vom Norden in den Süden des Gazastreifens umsiedeln. Israels Kriegsziele waren die Zerstörung der Hamas und die Befreiung der Geiseln, doch trotz massiver Anstrengungen war zum Zeitpunkt der Drucklegung dieses Buchs weder das eine noch das andere gelungen. Stattdessen hat der Konflikt eine humanitäre Katastrophe verursacht, unter der vor allem die Zivilbevölkerung in Gaza leidet: Mehr als die Hälfte aller Häuser sind zerstört, die meisten Menschen haben nur beschränkten Zugang zu Nahrung, Wasser und medizinischer Versorgung, und Zehntausende wurden bereits getötet.[6] Der Vorwurf an Israel ist nicht nur, dass es keinerlei Rücksicht auf zivile Opfer nimmt, sondern dass es die Bevölkerung im Gazastreifen mit seiner Militärkampagne bestrafen – wenn nicht sogar aushungern oder vernichten – will.

Die Auswirkungen des Konflikts blieben nicht auf Israel oder Gaza beschränkt. In Europa interessierten sich Millionen von Menschen zum ersten Mal für den Nahostkonflikt, und die meisten sympathisierten mit den Palästinensern. Praktisch überall gab es Demonstrationen, Protest-Camps und andere Formen des Aktivismus, die sich hauptsächlich gegen Israel richteten. Wie die folgenden Kapitel des Buchs darlegen, fand in dieser Atmosphäre außerdem eine Mobilisierung von Dschihadisten statt,[7] und vieles spricht dafür, dass der 7. Oktober das einschneidende Ereignis ist, das einen neuen Zyklus des Terrorismus in Gang gesetzt hat. Die Bedrohung kommt diesmal insbesondere aus drei Richtungen: von bereits bestehenden, teils hochprofessionellen Netzwerken des IS-Ablegers Khorasan (Kapitel 5), von im Internet radikalisierten Teenagern (Kapitel 6) und potenziell auch vom staatlich gesponserten Dschihadismus des Iran beziehungsweise der mit ihm verbundenen Organisationen (Kapitel 7).

Dass der 7. Oktober zum Kristallisationspunkt einer neuen Terrorwelle wurde, hat mehrere Gründe. Der wahrscheinlich wichtigste: Der Konflikt um Gaza und die «israelkritische» Protestbewegung lieferten ein Framing, an das die Dschihadisten mit ihren eigenen Narrativen über Israel und den Westen sowie der Idee eines weltweiten Religionskriegs «andocken» konnten. Besonders der weit verbreitete Vorwurf, der «jüdische Staat» betreibe einen Völkermord, hat den Dschihadisten in die Hände gespielt, weil sich damit praktisch jede Form von Gewalt gegen Israel und seine westlichen Unterstützer rechtfertigen lässt.

Der (neue) Genozid-Vorwurf

Seit Jahrzehnten gehören der Staat Israel und seine Politik zu den umstrittensten Themen im politischen Diskurs, wobei «Israelkritik» besonders für linksextreme und islamistische Milieus zum ideologischen Dreh- und Angelpunkt geworden ist. Dies lässt sich sehr deutlich an der aktuellen Anti-Israel-Protestbewegung beobachten, bei der die Kritik am «jüdischen Staat» häufig in Dämonisierung umschlägt. Neu ist vor allem die bis weit in die gesellschaftliche Mitte reichende Akzeptanz des Vorwurfs, dass Israel in Gaza einen Genozid begehe.

«Israelkritik» ist Teil einer breiten Bewegung. In den letzten Jahren sind besonders im linksextremen Spektrum immer häufiger Stimmen zu hören, die das Existenzrecht Israels bestreiten und auch Gewalt zu seiner Bekämpfung rechtfertigen. An vorderster Front stehen dabei sogenannte Antiimperialisten, die behaupten, dass ihre Feindschaft nicht Juden gilt, sondern der «zionistischen Ideologie», die den Staat Israel begründe. Ihrer Ansicht nach ist Israel eine «weiße Siedlerkolonie», deren Zweck darin bestehe, den Nahen Osten im Namen des Westens zu beherrschen und die mehrheitlich muslimischen Palästinenser auszubeuten. Hieran knüpfen auch Vertreter der sogenannten Kritischen Rassentheorie an, die zunehmend den Diskurs an geistes- und sozialwissenschaftlichen Fakultäten prägen. Sie sehen in Israel ein «Apartheidsystem», das ähnlich wie Südafrika während der Zeit der Rassentrennung funktioniert. Zionismus ist aus ihrer Sicht eine Form von Rassismus, die Palästinenser verstehen sie als Unterdrückte, und der Kampf gegen die Unterdrücker – also gegen (jüdische) Israelis – ist in ihren Augen nicht Terrorismus, sondern legitimer Widerstand.[8] Eine ihrer prominentesten Unterstützerinnen, die renommierte Feministin Judith Butler, äußerte im März 2024, die Vorfälle des 7. Oktober seien weder terroristisch noch antisemitisch gewesen.[9] Bei anderer Gelegenheit erklärte sie sogar, die (islamistische) Hamas könne als «links» bezeichnet werden – «weil sie den Imperialismus bekämpft».[10]

Im islamistischen Lager klingen die Argumente auf den ersten Blick ähnlich. Auch hier geht es um Unterdrückung,

Widerstand und den Kampf gegen den Imperialismus – alles Themen, die tief im Denken und in der Entstehungsgeschichte der Islamisten verwurzelt sind (siehe Kapitel 1). Viel stärker als die Linken betonen Islamisten jedoch den religiösen Charakter des Konflikts. Im Vordergrund steht dabei vor allem die Auseinandersetzung um Territorium: Palästina ist ihrer Auffassung nach nicht jüdisches, sondern muslimisches Land, und besonders Jerusalem, die drittheiligste Stätte des Islam, sollte ihrer Meinung nach nicht von Juden, sondern von Muslimen kontrolliert werden.[11] Wenn von «Besatzung» die Rede ist, meinen Islamisten deswegen nicht nur die Gebiete, die Israel im Jahr 1967 erobert hat, sondern das gesamte Territorium, auf dem sich der Staat befindet. Expliziter als die Linken bestreiten sie damit Israels Existenzrecht, und viel offener ist auch ihre Unterstützung für die Hamas, die ja letztlich der palästinensische Ableger der Muslimbruderschaft ist.[12] Unmittelbar nach dem 7. Oktober schrieb zum Beispiel die Internationale Union Muslimischer Gelehrter, die als höchste geistliche Instanz der Muslimbruderschaft gilt,[13] dass es sich bei der Terroroffensive um eine «notwendige und religiös verpflichtende» Form von Kampf gehandelt habe. Über zivile Opfer müsse man sich keine Gedanken machen, so die IUMS, denn wer auf besetztem Land lebe, sei automatisch ein legitimes Ziel.[14]

Der neueste und aus Radikalisierungssicht schwerwiegendste Vorwurf gegen Israel, der sowohl von Linksextremisten als auch von Islamisten erhoben wird, ist der des Völkermords. Im Prinzip existiert diese Anschuldigung bereits seit der Staatsgründung Israels im Jahr 1948, in der Vergangenheit jedoch fand sie jenseits kleiner Gruppen von Intellektuellen und Aktivisten, die in ihrer eigenen Filterblase kommunizierten, kein großes Echo. Seit dem 7. Oktober und dem Beginn der israelischen Militäroffensive hat sich dies dramatisch verändert. Die Vorstellung, dass Israel nicht die Hamas bekämpft, sondern die Palästinenser im Gazastreifen auslöschen will, wird von weiten Teilen der aktuellen Protestbewegung geteilt und aktiv propagiert. Alle islamistischen und viele muslimische Gruppen sowie ihre Partner in der Zivilgesellschaft haben sich dem Vorwurf angeschlossen.[15] Zahlreiche Wissenschaftler, Menschenrechtsorganisationen und Medien, wie etwa der arabische Nachrichtensender Al Jazeera und die britische Tageszeitung «Guardian», präsentieren ihn als glaubwürdig.[16] Selbst der Internationale Gerichtshof beschäftigt sich mittlerweile mit ihm. Das dort laufende Verfahren ist nicht nur deshalb außergewöhnlich, weil der vormalige Apartheidstaat Südafrika als Kläger auftritt, sondern auch aufgrund der Tatsache, dass sich ihm so viele Länder angeschlossen haben. Dazu gehören neben mehrheitlich muslimischen Staaten wie etwa der Türkei, dem Iran, Ägypten, Pakistan, Indonesien und Malaysia auch zahlreiche nichtmuslimische Länder des «Globalen Südens», so zum Beispiel Brasilien, Kolumbien und Chile.[17] Mit Irland, Belgien und Spanien unterstützen sogar drei Mitgliedstaaten der Europäischen Union Teile der Klage.[18]

Dass der Vorwurf so viel Unterstützung erhält, hat zweifellos mit der hohen Zahl ziviler Opfer im Gazastreifen zu tun. Hinzu kommt, dass sich Mitglieder der israelischen Regierung mehrfach in diesem Sinne geäußert und sogar – wortwörtlich – mit der «Auslöschung» des Gazastreifens gedroht haben.[19] Dennoch ist er sachlich falsch. Denn strebte Israel tatsächlich einen Genozid an, wäre es in der Lage, eine viel höhere Zahl an Opfern herbeizuführen, und auch der (etwas vorsichtigere) Vorwurf eines «schrittweisen Genozids» hat sich bisher in keiner Weise bestätigt.[20] Was den Vorwurf gefährlich macht, ist die existenzielle Dimension, die der Konflikt durch ihn bekommt: Wenn die Auslöschung einer ganzen Volks- oder Identitätsgruppe droht, erscheint fast jedes Mittel recht, um dies zu verhindern. Selbst die schlimmsten Gräueltaten können dann als «Akte der Verteidigung» gerechtfertigt werden, und wer auf die Gewalt des Gegners nicht sofort – und mit eigener Gewalt – reagiert, muss sich vorwerfen lassen, er sei ein Feigling oder Drückeberger. Ebendiese Dynamik hat stark dazu beigetragen, dass sich die «Israelkritik» seit dem 7. Oktober immer weiter aufgeheizt und in vielerlei Hinsicht radikalisiert hat.

«Brennt Gaza, brennt Berlin»[21]

Doch es bleibt nicht bei der Kritik an Israel. Wie sich seit dem 7. Oktober gezeigt hat, verbindet sich die Delegitimierung Israels häufig mit einer Feindschaft gegenüber Juden und den eigenen westlichen Regierungen. Der Konflikt weitet sich dadurch auf Ziele und Zielgruppen außerhalb des Nahen Ostens aus.

In erster Linie betrifft dies Juden, auch wenn sich «Israelkritiker» meist darum bemühen, zwischen Juden und Zionisten zu unterscheiden. In der Praxis ist dies jedoch oft schwierig, da sich Israel als «jüdischer Staat» definiert und praktisch alle seine Symbole – beginnend mit dem Davidstern und der Menora, dem siebenarmigen Leuchter, im offiziellen Siegel – gleichzeitig jüdische Symbole sind. Hinzu kommt, dass in den Augen vieler «Israelkritiker» nicht nur Zionist ist, wer in Israel wohnt oder den Staat aktiv unterstützt, sondern praktisch jeder, der mit Israel sympathisiert, irgendwelche Verbindungen dorthin unterhält oder das Existenzrecht des Staates nicht sofort infrage stellt. Gemäß dieser Definition sind wahrscheinlich über neunzig Prozent aller Juden Zionisten – nicht zuletzt, weil fast die Hälfte aller Juden weltweit in Israel lebt und ein großer Teil der anderen Hälfte dort Verwandte und Freunde hat. Die Folge ist, dass die Trennlinie zwischen Juden und Zionisten häufig verschwimmt und sich «Israel-» oder «Zionismuskritiker» regelmäßig klassisch antisemitischer Bilder und Vorurteile bedienen. Das häufigste Beispiel sind Karikaturen, in denen vermeintliche Israelis von «gierigen» oder «hässlichen» Juden repräsentiert werden.

In den aktuellen Auseinandersetzungen kommt es oft auch zu Nazi-Vergleichen. Dabei wird impliziert, dass «die Juden», die in Europa von den Nationalsozialisten beinahe ausgelöscht wurden, nun selbst eine Art Holocaust begingen. Auf fast jeder Demonstration finden sich entsprechende Plakate, und sogar der brasilianische Präsident Lula da Silva hat sich bereits in diesem Sinne geäußert: «Was mit den Palästinensern im Gazastreifen passiert, gab es noch nie zuvor in der Geschichte», so Lula im Februar 2024, «mit einer Ausnahme: als Hitler die Juden getötet hat.»[22] Der Vergleich ist falsch und verharmlost die Ermordung der europäischen Juden. Vor allem aber betreibt er eine Täter-Opfer-Umkehr, in der die Opfer des Holocaust zum Ebenbild ihrer einstigen Mörder werden. Sie verlieren damit jeglichen Anspruch auf Mitgefühl und mutieren zum «absolut Bösen», als das sie von Antisemiten jahrhundertelang dargestellt wurden.[23] So stellt auch der britische Autor und Antisemitismusforscher David Rich fest: «Diese Verleumdung ist die jüngste Version des gleichen alten Vorwurfs: (...) Diejenigen, die einst als Christusmörder verurteilt wurden, sind jetzt völkermörderische Nazis.».[24]

Ein weiterer Teil des Zorns der «Israelkritiker» richtet sich gegen die eigenen, westlichen Regierungen, allen voran die USA, aber auch gegen viele europäische Staaten und die Europäische Union. Grund dafür ist die politische, wirtschaftliche und militärische Unterstützung, die westliche Staaten Israel seit Jahrzehnten gewähren. In den vergangenen Jahren hieß es deshalb immer wieder, der Westen sei für die israelische Besatzung und «Apartheid» mitverantwortlich. Im gegenwärtigen Konflikt ist im Kontext des Genozid-Vorwurfs sogar von «Mittäterschaft» die Rede. In den Worten des irischen Europa-Abgeordneten Mick Wallace: «[EU-Kommissionspräsidentin] von der Leyen unterstützt den Genozid diplomatisch, während die USA, Großbritannien, Deutschland und Frankreich die Waffen (...) liefern. Auch im 21. Jahrhundert verüben europäische Mächte [deshalb] immer noch Völkermord.»[25]

Hiermit eng verbunden ist der Vorwurf der Doppelmoral. Dieser besagt, dass westliche Staaten bei Israel weniger streng auf die Einhaltung des Völkerrechts achten, obwohl sie sich andernorts stets als Vorkämpfer einer «regelbasierten Ordnung» präsentieren. Diese Wahrnehmung ist – auch über den engeren Kreis der «Israelkritiker» hinaus – nicht zuletzt deswegen so ausgeprägt, weil der Gaza-Konflikt zur selben Zeit stattfindet wie der Krieg in der Ukraine, wo westliche Staaten sehr stark auf das Völkerrecht und den Schutz von Zivilisten gepocht haben. Nicht nur Linke und Islamisten fragen deshalb, warum getötete Kinder, Frauen oder andere Zivilisten in Gaza offenbar weniger zählen als solche in der Ukraine und weshalb der Westen in der Ukraine stets Verhältnismäßigkeit anmahnt, sich aber bei Israel noch nicht einmal dazu durchringen kann, einen Waffenstillstand zu fordern. Auch der UN-Generalsekretär António Guterres, zuvor Premierminister von Portugal, hat sich dieses Argument zu eigen gemacht. Bei einem Treffen europäischer Regierungschefs im April 2024 sagte er, dass man die Prinzipien des Völkerrechts «unbedingt aufrechterhalten» und «doppelte Standards in Gaza und der Ukraine vermeiden» müsse. Der spanische Regierungschef Pedro Sánchez ist noch deutlicher. Am Rande eines Nato-Gipfels im Juli 2024 erklärte er: «Wenn wir die Einhaltung des Völkerrechts in der Ukraine verlangen, dann müssen wir dasselbe in Gaza tun».[26]

Linksextremisten und Islamisten gehen jedoch einen Schritt weiter. Auf der Suche nach einem Grund für die westliche Doppelmoral landen sie unvermeidlich bei ihrem ideologischen Ausgangspunkt, nämlich dass der Westen von Natur aus ein «rassistisches und kolonialistisches Projekt» sei. «Wir sehen, wie ihr es dreht», heißt es etwa in einem Song des amerikanischen Rappers Macklemore: «Wer sich verteidigen darf und wer das Recht auf Widerstand hat, entscheiden die Dollars und die Farbe deiner Haut.»[27] Aus Perspektive der Islamisten richtet sich westlicher Rassismus vor allem gegen den Islam. Der Konflikt in Gaza ist für sie keine Ausnahme oder ein schockierender Einzelfall, sondern reiht sich in eine Abfolge zahlreicher westlicher Kriege und Konflikte in der muslimischen Welt ein, die – je nach Interpretation – bereits vor tausend Jahren begonnen und stets die Unterwerfung des Islam zum Ziel gehabt haben. Man könnte auch sagen: Was in Gaza passiert, ist aus ihrer Sicht Teil eines «neuen Kreuzzugs».[28]

Dschihad ist die Lösung

Dschihadisten eröffnet diese Wahrnehmung einen Weg in die Radikalisierung. Denn wenngleich das Framing der «israelkritischen» Protestbewegung mit dem dschihadistischen nicht identisch ist (und die meisten Demonstranten mit Dschihadisten nichts zu tun haben wollen), ist es doch prinzipiell kompatibel: Die Auseinandersetzung zwischen «jüdischem Staat» und hilflosen Muslimen bestätigt das Narrativ vom religiösen Konflikt. Die Unterstützung durch den Westen ist Beleg für einen (globalen) «Krieg gegen den Islam». Und der Genozid-Vorwurf legitimiert praktische jede Form der Gewalt. Dschihad im Sinne von bewaffnetem Kampf ist aus dieser Perspektive die einzig konsequente Antwort.

Genauso argumentiert zum Beispiel der palästinensisch-amerikanische Prediger Abu Musa Jibril, der seit Jahrzehnten als einer der wichtigsten Online-Dschihadisten im englischen Sprachraum gilt. Bereits in den 1990er-Jahren betrieb er eine prodschihadistische Website, und in den frühen 2010er-Jahren wurde er zu einem der einflussreichsten Online-Propagandisten im Kontext des syrischen Bürgerkriegs. An seinen Predigten orientierten sich nicht nur zahlreiche Syrienkämpfer, sondern auch dschihadistische Attentäter, unter anderem in Europa.[29] Seit dem 7. Oktober konzentrieren sich Jibrils Posts in den sozialen Medien – wie etwa auf X, wo er knapp zwanzigtausend Follower hat – häufig auf den Gaza-Krieg. Dass dort ein Genozid im Gange ist und dass Israel und der Westen dafür die Verantwortung tragen, gilt ihm als bewiesen. Die einzige Frage, die er sich und seinem Publikum stellt, ist: Was tun? «Wir können nicht ständig über die Massaker an Muslimen weinen», so Jibril, «und wenn sich der Staub dann etwas gelegt hat, vergessen wir alles, bis der nächste Genozid oder das nächste Massaker (...) stattfindet.»[30] Nichts zu tun sei deshalb keine Option, aber genauso wenig reiche es aus, sich gegen den Völkermord nur mit Worten, Demonstrationen oder Boykotts zu wehren: «Wenn dir dein Reichtum, dein Hochschulabschluss, deine Karriere, dein Komfort und dein Luxus (...) wichtiger sind als Allah, sein Gesandter und der Dschihad, dann wird Allah dich bestrafen.»[31] Und so lautet dann auch seine Schlussfolgerung: «Dschihad ist die einzige Lösung.»[32]

Doch wo und auf welche Weise soll dieser Dschihad stattfinden? Sowohl die Hamas als auch ihre Unterstützer im Iran zeigten sich nach der Terroroffensive vom 7. Oktober enthusiastisch und verteidigten das Recht der Gruppe, gegen Israel und seine «Besatzung» Palästinas zu kämpfen. Die Begründungen waren sowohl nationalistisch als auch religiös, und sie bezogen sich gleichermaßen auf palästinensische Selbstbestimmung wie auch auf den Kampf um Jerusalem und islamisches Territorium. Im Falle der Hamas war offensichtlich, dass sie zwar den weltweiten Zorn gegen Israels Militäraktion begrüßte und ihn sich zunutze machen wollte, den «bewaffneten Kampf» aber als Sache der Organisation begriff und es auch dabei belassen wollte. Dementsprechend gab es keine offiziellen Aufrufe, sich persönlich der Hamas anzuschließen oder in ihrem Namen Anschläge zu verüben. In mehreren Statements bestritt die Gruppe außerdem, an Gräueltaten gegen israelische Zivilisten beteiligt gewesen zu sein.[33] Eine ähnliche Haltung nahmen der Iran und die von ihm unterstützten Gruppen in der «Achse des Widerstands» ein, also die Hisbollah im Libanon, die sogenannten Huthis im Jemen sowie schiitische Milizen in Syrien und dem Irak. Diese Gruppen waren bereit, den Konflikt regional auszuweiten, so zum Beispiel durch Angriffe auf amerikanische Militärstützpunkte in Jordanien oder westliche Handelsschiffe im Roten Meer. Im Falle des Iran deutet außerdem einiges darauf hin, dass Anschlagsversuche auf israelische Botschaften in Europa unternommen wurden (siehe Kapitel 7).[34]

Die salafistischen Dschihadisten hingegen – also al-Qaida und der IS – agierten genau andersherum: Sie haben versucht, den lokalen Kontext so wenig wie möglich zu thematisieren und aus dem Konflikt in Gaza einen weltweiten Religionskonflikt zu machen. Das hängt zum einen damit zusammen, dass Palästina für sie nur eine von vielen Fronten in einem globalen Konflikt mit den Juden (oder Zionisten) und Christen (oder Kreuzzüglern) darstellt und sie überzeugt davon sind, dass an allen diesen Fronten gekämpft werden muss. Zum anderen kommt hier zum Tragen, dass weder al-Qaida noch der IS an der Terroroffensive vom 7. Oktober beteiligt waren und sie der Hamas wegen ihres vermeintlichen Nationalismus sowie der engen Beziehung zum (schiitischen) Regime in Teheran ohnehin skeptisch – wenn nicht sogar stark ablehnend – gegenüberstehen.[35]

Vor diesem Hintergrund entschied sich al-Qaida dazu, in die Offensive zu gehen. Ohne die Hamas ein einziges Mal zu nennen, veröffentlichte die Gruppe (beziehungsweise ihre regionalen Ableger) in den ersten vier Monaten nach dem 7. Oktober fünfzehn Botschaften, die sich ausschließlich mit Gaza beschäftigten. Darin heißt es unter anderem, der Angriff sei ein «Juwel in der Geschichte islamischer Schlachten», ein «Wendepunkt der Geschichte» und eine «einmalige Gelegenheit, Jerusalem zu befreien». Zum Dschihad gebe es keine Alternative, so al-Qaida, doch die Auseinandersetzung sei keine nur zwischen den Palästinensern und Israel, sondern eine zwischen dem Islam und dem Westen. Dementsprechend dürfe der Krieg auch nicht auf Palästina oder den Nahen Osten beschränkt bleiben. Zu den vorgeschlagenen Terrorzielen gehören westliche Botschaften, Militärstützpunkte, prominente Politiker und jüdische Zivilisten.[36]

Aus europäischer Sicht besonders interessant sind zwei englischsprachige Videos, die al-Qaida im Dezember 2023 und Februar 2024 in Umlauf brachte und die sich explizit an junge Muslime im Westen richten. Darin bezieht sich die Gruppe auf vergangene Anschläge, wie etwa jenen auf die Satirezeitschrift «Charlie Hebdo» 2015, und fordert ihr Publikum heraus, der vorangegangenen Generation nachzueifern. Im Vordergrund steht der Mythos des «einsamen Mudschahids», der tief im Feindesland sitzt, auf eigene Faust operiert und den globalen Krieg dorthin trägt, wo es den Gegnern des Islam am meisten schmerzt: zu sich nach Hause. Am Ende lautet auch hier die Schlussfolgerung: «Dschihad im Namen Allahs ist die Lösung!»[37]

Im Gegensatz zu al-Qaida tat sich der IS zunächst deutlich schwerer. Seine Abneigung gegenüber der Hamas war so stark, dass er sich wochenlang überhaupt nicht direkt äußerte. Eine erste Nachricht im elektronischen Newsletter, den die Gruppe jede Woche auf dschihadistischen Websites veröffentlicht, erschien am 12. Oktober. Sie war mit einem Foto vom Gaza-Konflikt versehen und ermutigte seine Leser ganz allgemein zum Kampf gegen Ungläubige. Die darauffolgende Ausgabe enthielt dann eine Infografik mit verschiedenen Ideen, wie man sich gegen «die Juden» zur Wehr setzen könne, so etwa durch Angriffe auf «jüdische Viertel», «jüdische Tempel» oder «jüdische Nachtclubs und Wirtschaftsinteressen». Unter der Überschrift «Für den Sieg in Palästina» wurde jedoch explizit davor gewarnt, sich zu stark mit dem palästinensischen Kampf zu identifizieren: «Bei dem Konflikt mit den Juden geht es nicht um Patriotismus, sondern um Ideologie», erklärte der IS, «das Schlachtfeld ist deswegen überall, nicht nur in Palästina selbst.»[38]

Erst Anfang Januar 2024 rang sich der IS zu einer eigenen, vierunddreißigminütigen Audiobotschaft über den Gaza-Konflikt durch. Der Sprecher der Gruppe, Abu Hudhayfah al-Ansari, machte darin nochmals klar, dass es sich um einen Religionskrieg handele und nicht um einen Krieg um Grenzen oder Territorium. Juden sollten terrorisiert werden, «weil sie Juden sind» – nicht etwa, weil sie in israelischer Uniform gegen Palästinenser kämpften. Ungeschützte Menschenmengen seien besser als «harte Ziele», so Abu Hudhayfah, und Gotteshäuser eigneten sich für Anschläge besonders gut. Alle Methoden kämen dabei infrage, denn es mache letztlich keinen Unterschied, ob man die Ungläubigen mit Gewehren erschieße, sie enthaupte, mit dem Auto überfahre oder ihnen ein Messer in den Leib ramme. «O Löwen des Islam», heißt es zum Schluss, «jagt eure Beute!»[39]

Was mit der Terroroffensive vom 7. Oktober und der israelischen Militärkampagne gegen die Hamas begann, hatte somit innerhalb weniger Monate nicht nur eine massive Protestbewegung in Gang gesetzt, sondern gleichzeitig alle Spielarten des Dschihadismus aktiviert. Ähnlich wie die Anschläge vom 11. September 2001 wurde der 7. Oktober 2023 zum Kristallisationspunkt für eine in vielerlei Hinsicht heterogene Bewegung. Wie die folgenden Kapitel darlegen, gewannen bestehende Formen des Terrorismus an Richtung und Stärke, während andere neu entstanden – auch in Europa.

5. Khorasan ist überall

Während der letzten Welle des Terrorismus erlangten die salafistischen Dschihadisten mehr Macht und Einfluss, als sich irgendjemand hätte vorstellen können. Der Höhepunkt war zweifellos die Ausrufung des Kalifats, die im Juni 2014 in der Großen Moschee im irakischen Mossul stattfand. Der Anführer des IS, der irakische Religionsgelehrte Abu Bakr al-Baghdadi, ernannte sich bei dieser Gelegenheit zum Oberhaupt aller Muslime und erklärte diejenigen, die ihm und seiner Organisation die Gefolgschaft verweigerten, zu Feinden des Islam. Sein «Staat» kämpfte damals an allen Fronten – im Norden gegen die Kurden, im Westen gegen Jordanien, im Süden gegen die irakische Regierung und generell gegen die Amerikaner und den Rest der Welt. Und doch war viereinhalb Jahre später fast nichts mehr von diesem Kalifat übrig. Statt großer Teile Syriens und des Irak beherrschte der IS Ende 2018 nur noch eine Handvoll Dörfer entlang der syrisch-irakischen Grenze. Die sogenannten Auslandskämpfer, von denen Mitte der Dekade Zehntausende ins Kalifat geströmt waren, blieben jetzt aus. Und auch die gefürchtete Propagandamaschine, die täglich Tausende von Meldungen, Videos und Tweets produziert hatte, war größtenteils verstummt. Im Oktober 2019 kam das Ende auch für den Kalifen selbst: Genauso wie seine drei Nachfolger wurde al-Baghdadi von Spezialkommandos des amerikanischen Militärs gefunden und getötet.

Viele Experten fragten sich damals, was die vielen scheinbar so fanatischen Kämpfer und Unterstützer der Gruppe nach dem Zusammenbruch des Kalifats tun würden. Wie sich im Laufe der Jahre zeigte, gab es hierauf mehrere Antworten. Ein großer Teil – nach Schätzungen etwa ein Drittel – hatte auf dem Schlachtfeld sein Leben verloren.[40] Eine wahrscheinlich genauso große Gruppe kehrte in ihre Heimatorte zurück und reintegrierte sich ins zivile Leben. Einige wiederum landeten in Gefangenschaft und warten seit Jahren auf einen Prozess oder ihre Freilassung.[41] Und wieder andere flohen in die Türkei, um entweder dort zu bleiben oder sich auf den Weg in Drittländer zu machen. Mit anderen Worten: Es ist schwer zu sagen, wie viele IS-Kämpfer heute noch in der Stammregion des Kalifats aktiv sind. Dass es weiterhin Strukturen und Netzwerke gibt – die in der Zwischenzeit auch wieder neue Mitglieder rekrutiert haben –, steht jedoch außer Zweifel.

Aufgrund der Erfahrung mit Dschihad-Veteranen in den 1990er-Jahren (siehe Kapitel 1) beobachtete der Westen genau, in welchen Ländern vormalige IS-Kämpfer wiederauftauchten. Neben der Kernregion im Irak und in Syrien beherrschte der IS in seiner Hochphase bis zu zwei Dutzend sogenannte Provinzen, die sich in verschiedenen Teilen des Nahen Ostens, Asiens und Afrikas befanden. In den meisten Fällen waren dort Gruppen lokalen Ursprungs aktiv, die manchmal mehr, manchmal weniger Territorium kontrollierten und vorher entweder zu al-Qaida oder Abspaltungen davon gehört hatten. Besonders Afrika wurde in den Jahren nach dem Zusammenbruch des Kalifats in seiner Kernregion zu einem regelrechten Hotspot des IS. Verstärkt durch die Veteranen aus Syrien, kam es in praktisch allen Teilen des Kontinents zu einer Eskalation des Terrors – oftmals über nationale Grenzen hinweg. Neben der Sahelzone und Westafrika befeuerten die Kämpfer des IS (und zum Teil auch solche von al-Qaida) lokale Konflikte in Somalia, Mosambik und sogar der Demokratischen Republik Kongo.[42] Selbst wenn diese neuen «Fronten» deutlich weniger Strahlkraft besaßen als zuvor Syrien und der Irak, war ihre Existenz Beweis für die Wandlungs- und Überlebensfähigkeit des IS. Einige Experten meinten sogar, Afrika sei das neue «Epizentrum des globalen Dschihad».[43]

Viel weniger Beachtung fand zu dieser Zeit Afghanistan, wo sich ein weiterer Ableger des IS befand. Wenn von Afghanistan die Rede war, dann meistens in Zusammenhang mit den Taliban, die zum Ende der 2010er-Jahre bereits große Teile des Landes wiedererobert hatten und die westlich orientierte Regierung ernsthaft bedrohten. Der IS, der sich dort Islamischer Staat Provinz Khorasan (ISPK) nannte, spielte aus westlicher Sicht eine untergeordnete Rolle – zum einen, weil er einen gemeinsamen Feind, nämlich die Taliban, bekämpfte, und zum anderen, weil er mit seiner bescheidenen Präsenz im Osten des Landes relativ unbedeutend war. Nachdem Trumps Regierung die Gruppe kurzzeitig ins Visier genommen und im Jahr 2017 sogar die größte im US-Arsenal verfügbare Bombe auf einen ihrer Stützpunkte abgeworfen hatte, galt der IS in Afghanistan als besiegt.[44] Niemand kam auf den Gedanken, dass der ISPK die Keimzelle für den künftigen globalen Dschihad werden würde.

Doch genau diese Entwicklung trat ein. Besonders nach dem überraschenden und chaotischen Rückzug westlicher Truppen aus Afghanistan im Sommer 2021 stieg der ISPK innerhalb kurzer Zeit zum weltweit führenden Ableger des IS auf. Anders als die anderen IS-Provinzen war die Gruppe von Anfang an transnational aufgestellt und vertrat den Anspruch, über die eigenen Landesgrenzen hinaus wahrgenommen zu werden. Ein Hinweis darauf ist bereits ihr Name: Khorasan ist die historische Bezeichnung für eine Region, die sich nicht nur über weite Teile Afghanistans und Pakistans erstreckt, sondern auch den Süden von Zentralasien (insbesondere die heutigen Staaten Tadschikistan,

Usbekistan, Kirgistan und Turkmenistan) sowie den Nordosten des Iran umfasst.[45]

Der ISPK zielt nicht darauf, den IS zu ersetzen. Er vertritt dieselbe salafistisch-dschihadistische Ideologie und ist durch seine Entstehungsgeschichte eng mit dem «Mutterhaus» in Syrien verbunden. Doch sein Aufstieg hat die Geografie des globalen Dschihads verändert, dessen Ausgangspunkt künftig nicht mehr so stark die arabische Welt sein wird, sondern Zentralasien und der postsowjetische Raum sowie die Achse Iran–Türkei. Für den Westen hat dies erhebliche Konsequenzen: Nach einigen Jahren der relativen Ruhe gibt es wieder eine aggressive, erfahrene und gut organisierte Terrororganisation, die sowohl die Absicht als auch die Fähigkeit hat, im Westen Anschläge durchzuführen – und dabei besonders Deutschland als Basis nutzt.

Gründung und Aufstieg

Die Entstehung des ISPK ist, wie bereits erwähnt, eng mit dem Bürgerkrieg in Syrien verknüpft. Seine Geschichte beginnt im Jahr 2012, als sich der syrische Konflikt gerade radikalisierte und Dschihadisten überall auf der Welt nach Wegen suchten, um den Kampf gegen die verhasste Assad-Regierung zu unterstützen. Ein Anführer der pakistanischen Taliban rekrutierte damals hundertdreiundvierzig Freiwillige und bezahlte ihnen die Reise nach Syrien, wo sie zunächst für die Al-Nusra-Front kämpften und sich nach der Abspaltung von al-Qaida dem neu entstandenen IS anschlossen. Im Gegensatz zu den meisten Syrern verfügten sie über Kampferfahrung, konnten Sprengsätze bauen und wussten, wie man eine Terrorkampagne organisiert. Laut dem Forscher Antonio Giustozzi, der die Entstehung der

Gruppe ausführlich dokumentiert hat, waren die ursprünglich von den Taliban rekrutierten Kämpfer in Syrien so populär, dass immer mehr von ihnen «angefordert» wurden. Bis zum Jahr 2014 machten sich mehr als eintausend Kämpfer aus Pakistan und Afghanistan auf den Weg in den Nahen Osten und leisteten so einen wichtigen Beitrag zum Aufstieg des IS als wichtigste dschihadistische Gruppe im Syrien-Konflikt.[46]

Nachdem im Jahr 2014 im Irak das Kalifat ausgerufen wurde, wollte sich der IS für die Entsendung der Kämpfer nicht nur dankbar zeigen, sondern war an internationaler Expansion interessiert. Zehn von ihnen wurden deshalb mit einer Million Dollar in ihre Heimatländer zurückgeschickt und bekamen den Auftrag, dort einen internationalen Ableger des IS zu gründen. Das Geld sollte ausdrücklich nicht an die Taliban oder bereits bestehende Organisationen fließen, sondern war für eine neue Gruppe gedacht, die nationale und ethnische Grenzen überwinden und ideologisch noch extremer sein sollte als alles, was in der Region zu diesem Zeitpunkt existierte. Tatsächlich gelang es innerhalb der darauffolgenden Monate, eine Reihe kleinerer lokaler Milizen davon zu überzeugen, sich dem Projekt anzuschließen. Dazu gehörten vormalige Kämpfer der afghanischen und pakistanischen Taliban, aber auch Männer von Milizen und dschihadistischen Gruppen aus benachbarten Ländern. Nachdem Anfang 2015 die offizielle Gründung des ISPK erfolgte, schmiedete man zusätzliche Allianzen mit einem halben Dutzend größerer und länger etablierter Gruppen aus Usbekistan, Tadschikistan, Turkmenistan und sogar dem Iran.[47] Im Gegensatz zum IS in Syrien und dem Irak, dessen Führung trotz globaler Rhetorik fast immer nur aus Irakern bestand, hatte der ISPK deshalb von Anfang an Wurzeln in der *gesamten* Region.

Dennoch tat sich die neue Gruppe anfangs schwer. Von seiner Basis in der Nangarhar-Provinz im Osten Afghanistans aus unternahm der ISPK zahlreiche Terroranschläge in Afghanistan und Pakistan. Doch statt wie in Syrien von einer Situation zu profitieren, in der sich zwei Kontrahenten gegenseitig aufrieben und der IS zum «lachenden Dritten» wurde, geriet der ISPK in Afghanistan schnell unter die Räder. Da der IS damals bereits als größte und schrecklichste Terrororganisation aller Zeiten galt, zog das Erscheinen seines neuen Ablegers in Afghanistan sofort die Aufmerksamkeit sowohl der Taliban als auch der afghanischen Regierung (und ihrer westlichen Verbündeten) auf sich, die ihn spätestens ab 2017 alle – wenn auch getrennt voneinander – bekämpften. Drei Jahre später waren die meisten der ISPK-Kämpfer im Gefängnis, und auch von der Basis in Nangarhar war fast nichts mehr übrig.[48] Eine zur damaligen Zeit populäre Einschätzung lautete, dass der ISPK mehr Mythos als Realität sei.[49]

Das änderte sich schlagartig im Laufe des Jahres 2021. Im Mittelpunkt der öffentlichen Aufmerksamkeit stand zu diesem Zeitpunkt die Offensive der Taliban gegen die vom Westen unterstützte afghanische Regierung, die in einem Systemkollaps und dem chaotischen Rückzug westlicher Truppen im August kulminierte. Erst im Nachhinein stellte sich heraus, dass es neben den Taliban noch einen zweiten Gewinner gab, nämlich den ISPK. Bereits während des Zusammenbruchs der afghanischen Regierung gelang es Hunderten seiner Kämpfer, sich aus der Haft zu befreien. Anschließend folgten knapp zwölf Monate, in denen der Westen keine Präsenz mehr im Land besaß, die Taliban aber noch nicht voll in der Lage waren, die Bekämpfung des ISPK fortzusetzen. Dies war das Zeitfenster, in dem die Gruppe die befreiten Kämpfer in ihre Reihen zurückholte, zerstörte Befehlsstrukturen wiederaufbaute und in ihrer Heimatprovinz erneut Fuß fasste. Anders als während der zweiten Hälfte der 1990er-Jahre war es diesmal also nicht vorsätzliche Politik, sondern vor allem Chaos und die mangelnde Regierungskapazität der Taliban, die Afghanistan wieder zur «Brutstätte» des internationalen Terrorismus werden ließen.[50]

Als Konsequenz war der ISPK im Jahr 2022 stärker als je zuvor. In Afghanistan führte die Organisation während dieses Jahres über dreihundert Anschläge durch und feuerte sogar Raketen über die Grenze nach Usbekistan und Tadschikistan.[51] Seine Kämpfer gehörten zu den erfahrensten der Welt, denn viele hatten nicht nur in Afghanistan, sondern auch im Nahen Osten gekämpft. Zudem war ihre Zusammensetzung diverser als die anderer IS-Ableger. Neben Afghanen rekrutierte der ISPK in ganz Zentralasien, vor allem aber in Tadschikistan, das mit Afghanistan durch eine lange Grenze und eine große tadschikische Minderheit (etwa fünfundzwanzig bis dreißig Prozent der Bevölkerung) eng verbunden ist. Die internationale Ausrichtung spiegelte sich außerdem in der Propaganda wider: Mit «Al-Azaim» verfügt der ISPK über eine «Medienagentur», die auf allen Kanälen der sozialen Medien präsent ist und ihre Videos, Online-Magazine und Meldungen neben Paschto und Urdu auch in allen zentralasiatischen Sprachen sowie Arabisch, Farsi, Russisch und Englisch produziert.

Im Prinzip wurde der ISPK Anfang der 2020er-Jahre damit zu einer fast perfekten Kopie des (mittlerweile darniederliegenden) IS in Syrien und dem Irak. Dies galt nicht zuletzt für seinen globalen Anspruch. Wie der erste Anführer der Organisation, Hafiz Said Khan, bereits 2015 erklärte: «Wir werden kämpfen (...), bis alle muslimischen Länder von Andalusien [Spanien] bis Ostturkestan [Xinjiang in China] von der Herrschaft der Ungläubigen befreit sind.»[52]

Alte Ideologie, neue Geografie

Trotz seines Erfolgs hatte und hat der ISPK keine Absicht, sich vom IS loszulösen und in Konkurrenz zu ihm zu treten. Die Anführer des ISPK haben sich stets als Bestandteil des IS-Kalifats begriffen und den Treueeid, den sie auf den «Führer der Gläubigen» geschworen haben, ernst genommen.[53] Basierend auf öffentlichen Statements, scheint ihnen bewusst zu sein, wie eng die eigene Existenz mit der des IS in Syrien und dem Irak verwoben ist und wie viel die Gründer des IS zur Entstehung des ISPK beigetragen haben.[54] Natürlich verfolgen sie auch eigene Ziele, und ihre Ambition ist zweifellos, dass der ISPK der schlagkräftigste Ableger des IS wird und bleibt. Doch dieses Vorhaben ist nicht *gegen* den IS gerichtet. Etwas theatralisch könnte man sagen, dass es dem ISPK nicht darum geht, den IS zu zerstören oder ihn zu überwinden, sondern – im Gegenteil – darum, ihn zu retten.

Auch ideologisch stehen der ISPK und das «Mutterhaus» in Syrien und dem Irak ganz dicht beieinander. Beide sind salafistische Dschihadisten, die alle Muslime unter ihrer Herrschaft vereinen wollen. Beide sind der Überzeugung, dass ein globaler Religionskrieg wütet, in dem die Feinde des Islam – vor allem Christen und Juden – mit allen Mitteln bekämpft werden müssen. Und beide sind gleichermaßen aggressiv gegenüber vermeintlichen Abtrünnigen und Falschgläubigen, speziell gegenüber Angehörigen anderer islamischer Konfessionen und ganz besonders den Schiiten. In den ersten zwölf Monaten nach der Machtübernahme durch die Taliban im August 2021 verübte der ISPK deshalb mehr als ein Dutzend Anschläge auf die schiitische Hazara-Minderheit in Afghanistan, bei denen über siebenhundert Menschen getötet wurden.[55] Auch für ihn gilt offenbar das vom IS häufig zitierte Motto: «Tötet sie, wo immer ihr auf sie trefft.»[56]

Was den ISPK vom IS in Syrien und dem Irak unterscheidet, ist vor allem seine geografische Lage. Sollte sich der ISPK als wichtigster IS-Ableger behaupten können, würde das Gravitationszentrum des IS-Kalifats um ungefähr dreitausend Kilometer nach Osten rücken und befände sich damit nicht mehr im arabischen Raum. Obwohl ISPK-Anführer stets betonen, welch bedeutende Rolle Afghanistan und Zentralasien in der islamischen Geschichte gespielt haben, sind ihre Heimatländer nicht Teil des Nahen Ostens und gehören auch nicht zu den Orten, von denen aus islamische Weltreiche regiert wurden. Nur wenige Kämpfer sprechen Arabisch. Das bedeutet nicht, dass sich der ISPK nicht für den Nahen Osten interessieren würde, doch andere Regionen und Konfliktherde haben für ihn genauso große, wenn nicht sogar größere Bedeutung. Viele seiner Statements beschäftigen sich etwa mit Indien, das an die Khorasan-Region im Süden grenzt. Oft geht es auch um die Situation der Muslime in der chinesischen Xinjiang-Provinz, die östlich von Tadschikistan und Kirgistan liegt. Und in besonderem Maße steht Russland im Fokus, mit dem alle Staaten in Zentralasien historisch verbunden sind und wo der größte Teil der ISPK-Diaspora lebt. Einfach ausgedrückt: Der ISPK hat durch seine geografische Position einen anderen Blick auf die Welt.

Die Folge ist, dass sich terroristische Operationen in anderen Regionen beziehungsweise entlang anderer Achsen abspielen. Unter den wichtigsten ist hier zweifellos der postsowjetische Raum mit seinen fünfzehn Staaten, die aus dem Zusammenbruch der Sowjetunion im Jahr 1991 hervorgegangen sind. Was diese Länder bis heute verbindet, sind vor allem Arbeitsmigration und die russische Sprache. So lebt fast jeder achte Zentralasiate – insgesamt knapp zehn Millionen Menschen – in Russland. Viele davon sind gering qualifizierte Arbeiter, die wenig Rechte haben und im Alltag häufig diskriminiert werden.[57] Für den ISPK entsteht hierdurch ein ideales Umfeld, in dem sich frustrierte und oftmals orientierungslose junge Männer für den Dschihad rekrutieren lassen. Vier von ihnen waren offenbar für den Anschlag auf das Konzert in der «Crocus City Hall» nahe Moskau im März 2024 verantwortlich, bei dem einhundertfünfundvierzig Menschen getötet wurden. (Ein Attentat auf eine Synagoge, das für zwei Wochen zuvor geplant war, konnte gerade noch verhindert werden.)[58]

Ein weiterer Aktionsraum ist die Achse Iran–Türkei, die von der Khorasan-Provinz nach Westen führt. Wenngleich aus unterschiedlichen Gründen, so sind beide Länder für den ISPK interessant. Der Iran ist Transitraum für die Reise vieler Unterstützer in den Westen, als wichtigstes schiitisches Land der Welt aber zugleich auch ein Anschlagsziel für sunnitische Dschihadisten. Der ISPK unterhält hier dichte Netzwerke und hat in den letzten zwei Jahren mehrere Anschläge auf religiöse Stätten und – nicht weniger bedeutsam – eine Gedenkfeier für einen vormaligen Befehlshaber der Revolutionsgarden, General Qasem Soleimani, durchgeführt. Die Türkei ist ebenfalls Transitland und Anschlagsziel,[59] dient aber gleichzeitig als Drehkreuz für dschihadistische Operationen. Das hängt zum einen damit zusammen, dass sich viele Zentralasiaten im weitesten Sinne als «türkisch» identifizieren und die Türkei neben Russland zu einer bedeutenden Anlaufstelle für Migranten aus Zentralasien geworden ist. Zum anderen haben sich auch viele IS-Kader nach dem Zusammenbruch des IS in Syrien und dem Irak in die Türkei geflüchtet und sich sowohl in der Grenzregion als auch in großen Städten wie Istanbul niedergelassen.[60] Die Türkei ist somit der Schnittpunkt, an dem «alter» und «neuer» IS aufeinandertreffen.

Aus (west)europäischer Sicht mag all dies zunächst beruhigend klingen, denn der IS rückt durch den Aufstieg des ISPK räumlich weiter weg, und auch die für ihn relevanten Gebiete, speziell Russland und der Iran, sind (größtenteils) relativ weit von Westeuropa entfernt. Doch das ist ein Irrtum, denn tatsächlich arbeitet die Gruppe mit Hochdruck daran, im Westen Anschläge durchzuführen.

Der Westen im Visier

Dass sich der ISPK zunehmend als global agierende Organisation begreift, die weit außerhalb des eigenen Kerngebiets operiert, lässt sich nicht nur aus den Ankündigungen seiner Anführer ablesen. Eine noch deutlichere Sprache spricht die Zahl der versuchten Anschläge, die der US-amerikanische Forscher Aaron Zelin penibel genau in seiner «Islamic State Worldwide Activity Map» dokumentiert.[61] Während bis zum Frühjahr 2022 nur drei Anschlagsversuche außerhalb der Stammregion verzeichnet waren, erhöhte sich die Zahl in den darauf folgenden zwölf Monaten auf neun. Zwischen März 2023 und März 2024 stieg sie sogar auf zweiundzwanzig.[62]

Im Mittelpunkt standen dabei häufig christliche oder jüdische Gotteshäuser, religiöse Festivals oder Ziele, die mit Ländern in Verbindung gebracht werden konnten, die angeblich den Islam «beleidigt» oder sich auf andere Weise an Muslimen vergangen hatten. (Selbst das Rockkonzert in Moskau, auf das ein Anschlag erfolgte, wurde zunächst als «Ansammlung von Christen» beschrieben.)[63] Der Radius dieser Operationen reichte von den Malediven und Sri

Lanka über Katar bis nach Mexiko, von wo aus Mitglieder der Gruppe offenbar (bereits mehrfach) Anlauf genommen haben, um die USA zu erreichen. Fünf der dokumentierten Anschlagsversuche hatten allerdings auch Westeuropa im Visier.

Wie Tabelle 1 (S. 80) zeigt, trugen sich die fünf westeuropäischen Anschlagsversuche im Zeitraum zwischen April 2020 und März 2024 zu, wobei drei allein in den letzten acht Monaten stattfanden. In allen Fällen waren mehrköpfige Zellen verantwortlich, die – mit einer Ausnahme – Mitglieder in mehreren europäischen Ländern hatten oder über Landesgrenzen hinweg operierten. Was die Anschlagsziele betrifft, lässt sich kein eindeutiges Muster feststellen, obwohl drei sehr gut zur Kategorie «Religionskrieg» passen: Hier ging es um die Ermordung eines islamfeindlichen Bloggers, Anschläge auf den Kölner Dom und den Stephansdom in Wien sowie einen Angriff auf das Parlament in Schweden (wo zuvor Koranverbrennungen stattgefunden hatten). Bei genauerer Betrachtung wird außerdem deutlich, dass es einen klaren operationellen beziehungsweise logistischen Schwerpunkt gab, nämlich Deutschland, wo neunzehn der sechsundzwanzig Beteiligten wohnten und festgenommen wurden.

Wer also repräsentiert den ISPK in Europa? Während des genannten Zeitraums kam es in Westeuropa zu insgesamt einunddreißig Verhaftungen im Zusammenhang mit dem ISPK. Neben den sechsundzwanzig Anschlagsplanern waren darunter zwei Briten (mit pakistanischen Wurzeln), die sich der Gruppe in Afghanistan anschließen wollten, eine dänische Witwe eines Kämpfers, die im Internet für den ISPK Werbung betrieb, und zwei tadschikische Hintermänner, die mutmaßlich für die Finanzierung und Koordination von ISPK-Netzwerken in Europa zuständig waren. Das Interessante ist, dass unter diesen Personen eine Staatsbürgerschaft sehr stark dominiert, und zwar die tadschikische: Mehr als sechzig Prozent der Terrorverdächtigen kam aus diesem Land; weit abgeschlagen folgen die Türkei, Afghanistan, Kirgistan und Großbritannien mit jeweils zwei Verdächtigen. Eine solche Zusammensetzung von dschihadistischen Terrorverdächtigen wäre für die letzte dschihadistische Welle ungewöhnlich gewesen. Auch ein Beamter einer deutschen Sicherheitsbehörde bestätigt: Tadschikistan «hatte vor zehn Jahren noch kaum jemand auf dem Schirm».[64]

Eine weitere Erkenntnis lautet, dass sich offenbar keiner der zentralasiatischen Verdächtigen in Europa radikalisiert hat. Alle waren bereits Unterstützer – wenn nicht sogar Mitglieder – des ISPK, als sie in den Westen kamen. Es handelt sich also gewissermaßen um «importierten» Extremismus, und deswegen werden die geografischen Bezugsräume, durch die der ISPK weltweit operiert, relevant. Dazu gehört einerseits die Türkei, über die mehreren Gesprächspartnern zufolge die gesamte Logistik und Finanzierung der Gruppe abgewickelt wird.[65] Noch wichtiger ist jedoch der postsowjetische Raum – und speziell die Ukraine. Dort existiert seit zehn Jahren eine kleine, aber sehr aktive dschihadistische Szene, die sich hauptsächlich aus Zentralasiaten und Kaukasiern – wie zum Beispiel Tschetschenen – zusammensetzt, von denen viele bereits in Syrien gekämpft haben.[66] Als Russland im Februar 2022 in die Ukraine einmarschierte, machten sich etliche Mitglieder dieser Szene als Flüchtlinge auf den Weg in den Westen. Nach Angaben von Sicherheitsbehörden sind praktisch alle Verdächtigen der letzten drei Anschlagsversuche auf diesem Weg nach Deutschland gelangt.[67] Auch einer der zuvor erwähnten ISPK-Hintermänner kam so nach Westeuropa und trug bei seiner Verhaftung neben tadschikischen und usbekischen Ausweispapieren auch ukrainische bei sich.[68] So verrückt es klingen mag: Der Krieg in der Ukraine trug somit (unabsichtlich) zur Wiederbelebung des Dschihadismus in Europa bei.

Zum ersten Mal seit den Anschlägen von Paris und Brüssel Mitte der 2010er-Jahre ist Europa mit dem Aufstieg des ISPK wieder einer Gefahr durch professionelle und transnational agierende dschihadistische Netzwerke ausgesetzt. Mit ihrer starken Aktivität in den sozialen Medien versucht die Gruppe außerdem, westliche Anhänger zu Attentaten auf eigene Faust zu motivieren.[69] Der zweite der in Westeuropa versuchten Anschläge ist hierfür ein gutes Beispiel: Die Festgenommenen – ein Kosovare und ein Russe, beide in Deutschland wohnhaft – kannten sich nicht persönlich, waren aber Teil einer Chatgruppe im Messenger-Dienst Telegram, die von einem ISPK-Mitglied in Afghanistan eingerichtet und geleitet wurde. Einer war sechzehn, der andere siebzehn Jahre alt, beide hatten sich im Laufe des Jahres 2022 im Internet radikalisiert, und ihre Absicht war eine Messerattacke auf Polizisten in Deutschland. Von den versuchten Anschlägen wäre dies der «kleinste» gewesen, doch er entsprach einem Muster, das parallel zur Ausbreitung der ISPK-Netzwerke an Prominenz gewann und von der Terroroffensive vom 7. Oktober 2023 weiter befeuert wurde: dem Aufstieg sogenannter TikTok-Dschihadisten. Von ihnen handelt das folgende Kapitel.

Tabelle 1: ***Festnahmen im Kontext geplanter Anschläge des ISPK in Westeuropa, April 2020 bis April 2024***[70]

Datum	Ort	Anschlagsziel	Nationalität (Anzahl)
April 2020	Deutschland, Albanien	«Ungläubige», Staat (christlicher Blogger, US-Militärbasen)	Tadschikistan (6)
September 2022	Deutschland	«Ungläubige», Staat (Polizisten)	Russland (1), Kosovo (1)
Juli 2023	Deutschland, Niederlande, Belgien	Unbekannt	Tadschikistan (6), Kirgistan (2), Turkmenistan (1)
Dezember 2023	Deutschland, Österreich	Christen (Kölner Dom, Stephansdom Wien)	Tadschikistan (5), Türkei (2)
März 2024	Deutschland	«Feinde des Islam» (schwedisches Parlament)	Afghanistan (2)

6. TikTok-Dschihadisten

An den «Grundzutaten» der Radikalisierung hat sich seit der ersten Welle des Terrorismus, die Rapoport identifizierte – der anarchistischen im späten 19. Jahrhundert –, nicht viel geändert. Auch heute noch geht es um *Unmut und Frustration* als Anfangs- und Ausgangspunkt; es geht um *Ideologien oder Ideensysteme*, die diesen Erfahrungen einen Sinn zuschreiben und sie in ein politisches Projekt lenken; und natürlich spielen meist auch *Menschen oder Bezugspersonen* eine Rolle, die den Prozess begleiten oder ihn durch soziale Dynamiken beschleunigen.[71] Dies war schon bei Johann Most so, einem deutschen Emigranten aus Augsburg, der in den frühen 1880er-Jahren via London in New York landete, wo er zu einer zentralen Figur der anarchistischen Szene aufstieg. Most sah sich selbst als «Propagandisten der Tat» und wurde nicht müde, für die anarchistische Sache, aber auch – und vor allem – für den Terror als Methode ihrer Durchsetzung zu werben. Im Jahr 1885 veröffentlichte er ein Heftchen mit dem Titel «Revolutionäre Kriegswissenschaft», das zahlreiche Anleitungen zum Bauen von Sprengsätzen enthielt und das er bei Veranstaltungen fleißig an Mitstreiter verteilte. Vom Prinzip her unterschied sich seine Tätigkeit kaum von der heutiger Akteure – mit einem Unterschied: Die Propagandisten der Gegenwart müssen keine Heftchen mehr drucken, sondern verfügen über das Internet und können so per Klick von zu Hause aus ein Millionenpublikum erreichen.[72]

Bis Anfang der 2000er-Jahre waren viele Experten noch davon überzeugt, dass die Verbreitung des Internets keine großen Konsequenzen für Radikalisierungsprozesse haben würde. Der bekannte Terrorismusforscher Marc Sageman schrieb damals: «Die Befürchtung, dass vulnerable junge

Muslime durch Internetbotschaften für den Dschihad rekrutiert werden könnten, ist übertrieben. Das Lesen und Versenden von Nachrichten über den Dschihad im Internet macht solche Personen zwar möglicherweise für seine Anziehungskraft empfänglich, aber eine direkte Beteiligung erfordert persönliche Interaktion.»[73] Dies änderte sich erst in den 2010er-Jahren, als der IS mithilfe des Internets – und vor allem der sozialen Medien – innerhalb kurzer Zeit zur gefürchtetsten Terrorgruppe der Welt aufstieg. Niemand konnte ab diesem Zeitpunkt mehr abstreiten, dass das digitale Netz bestimmte Radikalisierungsdynamiken verändert hatte. Doch der Begriff der «Online-Radikalisierung» blieb kontrovers.[74] Selbst wenn das Internet eine gewisse Rolle spielte, war es nach Meinung von Experten selten der einzige Faktor. Persönliche Interaktion galt immer noch als entscheidend, um fehlendes Vertrauen in andere (ebenfalls anonyme) Internetnutzer auszugleichen. Beschäftigten sich Forscher überhaupt mit dem Thema, ging es meistens darum, die «Verkettung» zwischen On- und Offline-Einflüssen aufzuklären.[75]

Hieran wird einerseits deutlich, wie schwer sich die Forschung lange damit tat, der zunehmenden Bedeutung des Internets für Radikalisierungsprozesse Rechnung zu tragen. Andererseits tritt zutage, wie schnell sich der Forschungsgegenstand selbst verändert hat. Vieles deutet darauf hin, dass heute möglich ist, was die meisten Experten noch vor zehn Jahren nahezu ausgeschlossen hatten: nämlich der komplette Ablauf eines Radikalisierungszyklus online, von anfänglichem Interesse über Ansprache und Sozialisierung bis hin zur Planung eines Anschlags. Das Ergebnis ist der Aufstieg einer neuen Täterdemografie, und zwar von *sehr jungen* Teenagern, die sich im Internet radikalisieren und anschließend entweder als Einzeltäter oder als Teil von virtuellen Gruppen terroristische Anschläge vorbereiten. Seit dem 7. Oktober 2023 lassen sich in Europa fünfzehn solcher Fälle (mit teils mehreren Beteiligten) dokumentieren. Dies ist eine neue Entwicklung, die besonders dann zu einer ernsthaften Bedrohung werden könnte, wenn es junge Möchtegern-Terroristen schaffen sollten, sich mit erfahreneren Akteuren zu vernetzen.

Wie dieses Kapitel zeigt, spielt sich der Aufstieg der sogenannten TikTok-Dschihadisten in einem virtuellen Ökosystem ab, das mehr denn je dschihadistische Radikalisierung begünstigt: erstens, weil sich Islamisten dort effektiver präsentieren als in der Vergangenheit, zweitens, weil ihnen der Konflikt in Gaza einen idealen Anknüpfungspunkt bietet, und drittens, weil die sozialen Medien ihre Narrative nicht mehr nur transportieren, sondern sie regelrecht befeuern. TikTok ist bei Weitem nicht die einzige Plattform, die hierzu beiträgt, aber mit seiner jungen Nutzerschaft, einer großen, schnell wachsenden Reichweite sowie seinem stark algorithmisch getriebenen Content-Modell steht es symbolisch für die verschiedenen Prozesse, die das neue Phänomen ermöglicht haben. Einfach ausgedrückt: Wenn Johann Most noch am Leben wäre, würde er seine Bombenbauanleitungen wahrscheinlich als Video auf TikTok verbreiten.

Virtuelle Ökosysteme

Natürlich sind Islamisten und Dschihadisten aller Couleur bereits seit Jahrzehnten im Internet unterwegs. In den 1990er- und 2000er-Jahren geschah dies hauptsächlich über statische Websites oder in Chatforen, die meist nur den eigenen Anhängern bekannt waren. Erst durch die Verbreitung der sozialen Medien ab Mitte der 2000er-Jahre bekamen sie Zugang zu einer breiteren Öffentlichkeit und konnten auch potenzielle Unterstützer außerhalb der eigenen Filterblase erreichen. In «normalen» Zeiten war der Erfolg mäßig, denn trotz größerer Reichweite gab es nur wenige Nutzer, die sich für Dschihadismus begeistern konnten. Eine Ausnahme bildeten Zeiten internationaler Konflikte, während denen das dschihadistische Narrativ vom «Krieg gegen den Islam» plötzlich Resonanz erzeugte und mit der Nachrichtenlage konvergierte, ganz besonders während des Irak-Kriegs Mitte der 2000er- und des Syrien-Konflikts Mitte der 2010er-Jahre. Vor allem innerhalb dieser Phasen expandierte die dschihadistische Online-Infrastruktur massiv und verhalf dazu, neue Unterstützer zu rekrutieren.

Auch heute – also Mitte der 2020er-Jahre – existiert wieder eine solche Konstellation. Ein erster Grund hierfür ist, dass es wieder einen Konflikt gibt, der die Schlagzeilen dominiert und sich im Sinne des dschihadistischen Narrativs instrumentalisieren lässt. Wie bereits in Kapitel 4 gezeigt, eignet sich der Gaza-Konflikt in besonders starkem Maße für ein dschihadistisches Framing, denn dem «jüdischen Staat» wird ja nicht nur vorgeworfen, dass er die muslimischen Palästinenser unterdrücke, sondern auch, dass er sie komplett auslöschen wolle. Die große Mehrheit der Internetnutzer scheint dieses Narrativ zu teilen: Laut einer Analyse der «Washington Post» erschienen in den ersten Wochen der israelischen Militäroffensive bis zu neununddreißigmal mehr Posts mit propalästinensischen Inhalten als mit solchen, die Israel unterstützten.[76] Die populärsten darunter enthielten schockierende Bilder und Videos, die von Bewohnern des Gazastreifens selbst gepostet wurden. Für viele Internetnutzer bot sich dadurch ein persönlicher und vermeintlich authentischer Einblick in den Krieg.[77] Vor allem aber bestätigten sie scheinbar das Narrativ einer genozidalen israelischen Militärkampagne.

Ein zweiter Grund ist die zunehmende Algorithmifizierung der sozialen Medien. Algorithmifizierung bedeutet, dass Nutzer nur noch Inhalte gezeigt oder empfohlen bekommen, von denen die Plattform annimmt, dass sie deren Interessen entsprechen. Dieses Profil wird über Algorithmen berechnet und basiert auf dem eigenen Nutzungsverhalten beziehungsweise dem von Accounts, die als «ähnlich» eingestuft werden. Oftmals werden dabei kontroverse Inhalte in den Vordergrund gerückt, weil sie zu mehr «Engagement» auf der jeweiligen Plattform und deshalb zu einer längeren Verweildauer führen.[78] Dieser Trend hat sich in den vergangenen Jahren noch verstärkt, weil die sozialen Medien als Informationsquelle bedeutender geworden sind und die Algorithmifizierung bei neueren und erfolgreichen Plattformen wie etwa TikTok von Anfang an im Mittelpunkt des Designs stand.[79]

Das Ergebnis ist – im schlimmsten Fall – ein virtuelles Wutbürgertum, das Meinungen jenseits der (radikalisierten) eigenen nicht mehr wahrnimmt. Im Falle des Gaza-Konflikts entsteht durch algorithmische Amplifizierung ein nicht enden wollender Strom menschlichen Leids und israelischer Gräueltaten, der keinerlei Einordnung oder Gegenargument enthält und in dem sich authentische Posts – wie beispielsweise von Aktivisten aus dem Gazastreifen – mit der Propaganda von Islamisten oder gar Dschihadisten vermischen. Auch Desinformation – wie etwa Bilder aus anderen Konflikten und solche, die von künstlicher Intelligenz generiert wurden – spielt eine immer größere Rolle.[80] Die Anthropologin Julia Ebner hat die sozialen Medien aufgrund dieser Dynamiken auch als «Radikalisierungsmaschinen» bezeichnet.[81]

Das virtuelle Ökosystem der Islamisten beschränkt sich natürlich nicht nur auf TikTok. Prinzipiell nutzen sie jede

Gelegenheit, um auf sich und ihre Weltsicht aufmerksam zu machen. Wie stark sie bei bestimmten Plattformen aktiv sind, hängt davon ab, welche Positionen zu Gewalt und verbotenen (terroristischen) Organisationen sie präsentieren und welche Regeln sich die jeweiligen Plattformen diesbezüglich gegeben haben beziehungsweise wie stringent diese umgesetzt werden. Grundsätzlich gilt, dass Islamisten jeglicher Couleur, die nicht zur Gewalt aufrufen und sich auf die Verbreitung der eigenen politischen oder theologischen Narrative beschränken, auf allen großen, von jungen Leuten genutzten Plattformen wie zum Beispiel TikTok, Instagram und YouTube vertreten sind. Viele dieser Accounts thematisieren den Konflikt in Gaza sehr stark und haben seit dem 7. Oktober zahlreiche Follower hinzugewonnen.[82]

Wenn es um die Propagierung von Gewalt beziehungsweise die Rekrutierung für dschihadistische Netzwerke geht, stehen nach Angaben von Sicherheitsbehörden jedoch meist andere Plattformen im Vordergrund, am häufigsten der Messenger-Dienst Telegram und die Gaming-Plattform Discord, wo private (und verschlüsselte) Unterhaltungen möglich sind und die Betreiber seltener durchgreifen. Auch wenn die Radikalisierung hin zum Terrorismus in den meisten Fällen nicht auf diesen Plattformen beginnt, endet sie häufig dort.[83]

Islamistische Influencer

Eine relativ neue Entwicklung ist der Aufstieg islamistischer Influencer. Genauso wie in anderen Bereichen gibt es mittlerweile auch im islamistischen Spektrum Personen, die in den sozialen Medien über eine besondere Reichweite und Reputation verfügen und so in der Lage sind, das Denken und Verhalten anderer zu beeinflussen. In gewisser Weise ist ihr Aufstieg die logische Konsequenz der Tatsache, dass viele Straßenaktionen, mit denen Islamisten in den 2010er-Jahren auf sich aufmerksam gemacht haben, in den letzten Jahren verboten wurden. Ähnlich wie die damaligen Straßenprediger sind die heutigen Influencer oftmals charismatische Figuren, die eloquent argumentieren und sich mit der Lebenswelt ihrer Anhänger auskennen. Obwohl meist etwas älter, wissen sie, was etwa eine «TikTok-Challenge» ist, und verstehen genau, welche Probleme ihre Follower mit Eltern, Lehrern oder der Polizei haben. Am wichtigsten natürlich: Sie präsentieren sich als Autoritäten in Sachen Islam und bieten mit ihrer Glaubensinterpretation ein komplettes System an, das Identität, Orientierung und Antworten auf jegliche Fragen verspricht.[84] Im Unterschied zu den Straßenpredigern der Vergangenheit macht sie die Online-Präsenz jedoch unabhängiger und vergrößert ihre potenzielle Reichweite. Nicht zuletzt liefert sie häufig auch ein Geschäftsmodell: Wie Influencer in anderen Bereichen verkaufen auch viele Islamisten über ihre Plattformen Produkte oder Dienstleistungen; andere finanzieren sich durch Klicks, die Werbung generieren.

Eines der prominentesten Beispiele ist der Engländer Mohammed Hijab, der auf YouTube über 1,2 Millionen Abonnenten hat. Auf seiner Website listet er mehrere Universitätsabschlüsse auf und beschreibt sich selbst als «Philosophen der Religion».[85] Den größten Erfolg verzeichnet er mit Videos, in denen er versucht, Nichtmuslime von der Richtigkeit des Islam zu überzeugen. Seine Gegenspieler sind dabei nicht weniger streitfreudig als er: In verschiedenen Folgen hat Hijab bereits mit dem kanadischen Psychologen Jordan Peterson, dem englischen Anti-Islam-Aktivisten Tommy Robinson und der somalisch-niederländischen

Ex-Muslimin Ayaan Hirsi Ali debattiert.[86] Seine aggressive Seite kommt besonders dann zum Vorschein, wenn er Vertreter anderer Religionen auf der Straße angeht. So drohte er Londoner Juden: «Uns ist der Tod egal. Wir lieben den Tod.»[87] Und auf dem Höhepunkt kommunaler Unruhen in der englischen Stadt Leicester hetzte er gegen die «erbärmlichen, schwachen und feigen» Hindus.[88] In den Videos, die aus solchen Vorfällen entstehen, präsentiert sich Hijab gerne als Kämpfer für den Islam, doch für viele ist er schlicht ein «Hassprediger».[89]

Einen anderen Ansatz verfolgt der Deutsch-Ägypter Ibrahim El-Azzazi. Er kommt aus dem Umfeld der Deutschsprachigen Muslimischen Gemeinde (DMG) in Braunschweig, die als Dreh- und Angelpunkt der deutschen Salafistenszene gilt. Bis die Plattform seinen Account sperrte, hatte El-Azzazi sich auf TikTok eine Anhängerschaft von über sechshunderttausend Followern aufgebaut. (Er ist seitdem über die Accounts anderer Prediger aktiv.) Im Gegensatz zu Hijab ist nichts an El-Azzazis Auftritt explizit politisch oder gar konfrontativ. In den meisten Videos sitzt «Sheikh Ibrahim» schlicht vor einem Greenscreen und beantwortet geduldig die Fragen seiner Follower. Viele davon sind unterhaltsam oder provokant, etwa «Darf man mit kurzer Hose beten?» oder «Ist Schachspielen o.k.?». Sein Ziel ist nicht Religionskonflikt, sondern klassische Missionierungsarbeit. Wie eine ARD-Dokumentation zeigt, wird er dabei von einem mehrköpfigen Team unterstützt, das mit Anhängern kommuniziert, Fragen auswählt und die Videos produziert. Dass es vor allem um Klicks geht, ist kein Geheimnis: «Wir nehmen die Fragen [dran], die auch ein bisschen viral gehen können», erzählt sein Manager, «weil das puscht auch den Algorithmus.»[90]

Viel ideologischer – und anspruchsvoller – ist im Vergleich dazu der Hamburger Konvertit Raheem Boateng und seine Gruppe «Muslim Interaktiv», die ebenfalls im deutschsprachigen Raum aktiv ist. Boateng beziehungsweise Muslim Interaktiv sind auf allen großen Plattformen vertreten, aber ihre Accounts haben deutlich weniger Follower als die der anderen Influencer – typischerweise im mittleren fünfstelligen Bereich. Sie stammen aus dem Umfeld der 1953 in Ost-Jerusalem gegründeten globalen Bewegung «Hizb ut-Tahrir» («Partei der Befreiung»), die ein Kalifat anstrebt und in Deutschland seit 2003 ein Betätigungsverbot hat. Boatengs Online-Botschaften sind hochpolitisch: Seit dem 7. Oktober dreht sich auf seinen Accounts alles um Gaza und die vermeintliche Doppelmoral Deutschlands. Als «Gegengift» propagiert er eine starke und exklusiv islamische Identität, die er auch in seinem Auftreten verkörpert.[91] Was ihn von den anderen Influencern unterscheidet, ist nicht nur sein Status als «islamistischer Popstar», sondern vor allem die Fähigkeit, Follower auf die Straße zu bringen: Im Gegensatz zu Hijab und El-Azzazi organisiert «Muslim Interaktiv» regelmäßig Aktionen und Proteste, die weit über Hamburg hinaus Schlagzeilen machen – darunter die «Kalifat-Demos» im April und Mai 2024, an denen mehrere Tausend Menschen teilnahmen.[92]

Teenager-Terroristen

Die Verlagerung von Radikalisierungsprozessen ins Internet lässt sich nicht nur an deren Anfang feststellen, sondern auch an ihrem möglichen «Endpunkt» – bei der Planung und Durchführung von terroristischen Anschlägen. Wie eine Analyse von Anschlägen und geplanten Attentaten seit dem 7. Oktober zeigt, steht die stärkere Nutzung des Internets wahrscheinlich im Zusammenhang mit einem geringeren Alter, einem Desinteresse an Ideologie und einer abnehmenden Bindung an physische Orte. Hieraus entsteht ein völlig neuer Typus von Attentäter: der fast vollständig im Internet radikalisierte Teenager-Terrorist.

Einen Überblick über alle in Westeuropa geplanten und durchgeführten Anschläge in den acht Monaten nach dem 7. Oktober 2023 liefert Tabelle 2 (S. 96). Sie bezieht sich ausschließlich auf Anschläge oder Anschlagsplanungen, bei denen ein salafistisch-dschihadistischer Hintergrund vermutet wird (nicht auf solche der Hamas, der Hisbollah oder des Iran, von denen das nächste Kapitel handelt). Alle hier versammelten Daten stammen aus öffentlich zugänglichen Quellen, typischerweise Medienberichten über Festnahmen, die sich wiederum auf Bekanntmachungen der Polizei oder von Staatsanwaltschaften stützen. Neben den durchgeführten Anschlägen wurden nur solche Vorfälle berücksichtigt, bei denen die Berichterstattung darauf schließen lässt, dass tatsächlich eine Anschlagsplanung stattgefunden hat, das heißt, dass konkrete Ziele diskutiert oder operative Vorbereitungen – wie etwa das Auskundschaften von Zielen oder die Beschaffung von Waffen – getroffen wurden.[93]

Anhand der Daten zeigt sich zunächst eine sehr starke Zunahme dschihadistischer Aktivität. Im beobachteten Zeitraum kam es in Westeuropa zu sechs Anschlägen und insgesamt einundzwanzig Fällen von Anschlagsplanungen. Verglichen mit den aktuellsten, bei Drucklegung zur Verfügung stehenden Daten von Europol für das Jahr 2022 hat sich die Anzahl der durchgeführten und geplanten Anschläge damit mehr als vervierfacht.[94] Was außerdem ins Auge fällt, ist das junge Alter der meisten Festgenommenen. Von den neunundfünfzig Personen, die an den Anschlägen oder Anschlagsplanungen beteiligt waren, sind achtunddreißig Teenager, das heißt zwischen dreizehn und neunzehn Jahren alt. Dies entspricht einem Anteil von fast zwei Dritteln (64,4 Prozent) der Festgenommenen und ist deutlich höher als bei vorangegangenen Wellen:[95] Obwohl Forscher bereits während der Syrien-Welle eine Verjüngung festgestellt hatten,[96] waren junge Teenager – das heißt Dreizehn- bis Fünfzehnjährige – auch während der 2010er-Jahre noch eine Ausnahme.[97] Es handelt sich also um eine neue Entwicklung, die wahrscheinlich noch dramatischer ist, als die Zahlen vermuten lassen: Sicherheitsbehörden berichten, dass sogar Zehnjährige bereits als potenzielle Attentäter in polizeilichen Beobachtungen aufgetaucht seien.[98]

Doch was ist der Grund für diesen erstaunlichen Trend? Die deutlichste Korrelation, die sich basierend auf den vorliegenden Daten ergibt, ist diejenige zwischen sehr jungen Attentätern und der starken – wenn nicht sogar ausschließlichen – Nutzung des Internets im Radikalisierungsprozess (in fünfzehn der siebenundzwanzig Fälle). Dies ist in einem größeren Kontext zu betrachten: Wie sozialwissenschaftliche Studien belegen, hat die Internetnutzung unter Jugendlichen dramatisch zugenommen, insbesondere seit der Corona-Pandemie. Nahezu die Hälfte ist nach eigenen Angaben «fast ständig» online. Und für die meisten existiert kein qualitativer Unterschied zwischen On- und Offline-Realität mehr. Das bedeutet: Die Gespräche und Interaktionen, die sie mit anderen über Messenger-Dienste oder soziale Medien haben, sind in ihrer Wahrnehmung genauso bedeutsam wie das, was sie offline erleben.[99] Weniger denn je ist persönliche Interaktion deshalb eine Voraussetzung für Radikalisierungsprozesse. Und in der Tat: Bei rechtsextremistischen Terroristen wurden im Laufe der letzten Dekade ganz ähnliche Prozesse – das heißt eine starke Verjüngung bei gleichzeitiger Verlagerung von Radikalisierungsprozessen ins Internet – beobachtet.[100]

Damit einher geht oftmals ein Verlust an ideologischer Kohärenz. Bei Rechtsterroristen, die sich vorwiegend im Internet radikalisiert haben, sprechen Forscher und Sicherheitsbehörden in diesem Zusammenhang seit Jahren vom «Pick-und-Mix»- beziehungsweise vom «Salatbar»-Ansatz. Diese Konzepte beschreiben, dass sich Radikalisierte aus ideologischen Versatzstücken, die sie bei Bloggern und Influencern aufklauben, ihr eigenes Ideengebäude zusammenbasteln.[101] Genau dies beobachten die Sicherheitsbehörden jetzt auch bei Dschihadisten. Unterschiede zwischen den islamistischen Strömungen und Gruppen werden dabei weniger wichtig, weil sie den Betroffenen entweder egal sind oder gar nicht verstanden werden. Aus ihrer Sicht macht es keinen Unterschied, ob im Nahen Osten für Palästina oder für ein globales Kalifat gekämpft wird. Und Yahya Sinwar, der Chef der Hamas im Gazastreifen, ist für sie ein ebenso großer Held wie der jeweils letzte Attentäter des IS.[102] Diese Abnahme an ideologischer Differenzierung ist häufig verbunden mit einer starken Verrohung, denn vielfach dreht sich die Kommunikation nicht mehr um Ideen, Inhalte oder gar den Islam, sondern nur noch um Gewalt gegen die eigene, verhasste Gesellschaft. Der Chef des österreichischen Nachrichtendienstes Omar Haijawi-Pirchner drückt es folgendermaßen aus: «Was da passiert, ist mehr Gewaltfantasie als Ideologie.»[103]

Eine weitere Konsequenz ist, dass Radikalisierungs- und Rekrutierungsprozesse unabhängiger von physischen Orten werden. Noch während der Syrien-Welle war das vorherrschende Muster das von regionalen Clustern: IS-Kämpfer kamen überproportional häufig aus Städten, wo bestimmte Prediger aktiv waren oder es radikale Moscheen gab, die die Entstehung lokaler Communitys befördert hatten.[104] Durch die Verlagerung ins Internet entfällt dieser Bezug: Extremistische Communitys bestehen häufiger als in der Vergangenheit rein virtuell, erstrecken sich über verschiedene Orte oder sogar Länder und sind für die Sicherheitsbehörden deshalb schwerer zu lokalisieren.

Virtuelle Gruppen

Die verschiedenen Facetten der Entwicklung hin zu Teenager-Terroristen lassen sich gut anhand der zwei größten dieser Fälle zwischen Oktober 2023 und Juni 2024 darstellen. Beide Male hatten sich im Internet virtuelle Terrorzellen gebildet, die allesamt aus Teenagern bestanden und über Landesgrenzen hinweg operierten. Die erste hatte insgesamt elf Mitglieder in Belgien, Frankreich und der Schweiz; die zweite setzte sich aus sieben Personen in Deutschland und der Schweiz zusammen. Da die jeweiligen Gerichtsverfahren bei Drucklegung noch nicht beendet waren (die Festnahmen fanden im März beziehungsweise April 2024 statt), sind viele Details noch unbekannt. Dazu gehört, wie genau sich die Mitglieder online gefunden haben und ob sie wirklich autonom handelten. Schon jetzt scheint allerdings klar, dass sich die verschiedenen Cluster tatsächlich nur aus dem Internet kannten.

Die virtuelle Zelle in Belgien, Frankreich und der Schweiz bestand aus elf französischsprachigen Mitgliedern, die – mit Ausnahme eines Achtzehnjährigen – alle zwischen fünfzehn und siebzehn Jahre alt waren. Soweit bekannt, gehörten sie zu einer Telegram-Gruppe, die von vier Belgiern initiiert und geleitet wurde. Jeweils drei Mitglieder aus der Schweiz und Frankreich kamen später hinzu. Eine Weile lang diente die Gruppe ausschließlich dazu, dschihadistische Propaganda und IS-Videos zu teilen. Doch Anfang des Jahres 2024 änderte sich ihr Zweck: Plötzlich ging es darum, selbst einen Anschlag zu verüben. Das Ziel sollte die Konzerthalle «Le Botanique» in Brüssel sein, wo man ähnlich wie beim Angriff auf das Pariser Bataclan-Theater im November 2015 mit Maschinengewehren eindringen und «Ungläubige» töten wollte. Einer der belgischen Teilnehmer sagte, er hätte den Ort bereits ausgekundschaftet, aber tue sich schwer damit, an die für den Anschlag notwendigen Waffen zu kommen. Ein Schweizer vermittelte daraufhin den Kontakt zu einem (weiteren) Belgier, der angeblich Kriminelle kannte und auf Fotos mit einer «Kalaschnikow» posierte.[105] Zu diesem Zeitpunkt schritt die Polizei ein.

Zur zweiten Zelle gehörten vier Mitglieder aus Deutschland und drei aus der deutschsprachigen Schweiz, von denen – wieder mit der Ausnahme eines Achtzehnjährigen – alle fünfzehn oder sechzehn Jahre alt waren. Zwei Mitglieder waren Mädchen, was zeigt, dass es für Frauen durch das Internet nicht nur einfacher geworden ist, sich dschihadistisch zu engagieren, sondern dass dort offenbar sogar gemischte Gruppen existieren. Auch hier war der Treffpunkt eine Telegram-Gruppe, in der zunächst nur über den Dschihad geredet und dschihadistische Propaganda ausgetauscht wurde. Genauso wie bei der französischsprachigen Zelle entwickelten sich aus den Unterhaltungen im Laufe der Zeit Ideen für Anschläge, die sich nach und nach konkretisierten. Der letztlich geplante Anschlag sollte demnach in Iserlohn stattfinden (von woher eine Teilnehmerin stammte) und sich unter anderem gegen Kneipen, Kirchen und die örtliche Synagoge richten. Anders als bei der ersten Zelle gab es in diesem Fall eine Art Anführerin, und zwar eine Fünfzehnjährige aus Düsseldorf, die die Telegram-Gruppe erstellt und ihre Mitglieder «rekrutiert» hatte. Was die Ermittler zum Einschreiten veranlasste, war nicht nur der zunehmend aggressive Online-«Aktivismus» der jungen Dschihadistin, sondern auch – und vor allem – die Tatsache, dass ihr Vater den Behörden als IS-Unterstützer bekannt war.[106]

Wie gefährlich ist nun dieses Phänomen? Natürlich lässt sich anzweifeln, wie kompetent oder effektiv Fünfzehnjährige als Terroristen überhaupt sein können.[107] Es ist sogar wahrscheinlich, dass die allermeisten der fünfzehn Anschlagspläne auch ohne Einschreiten der Polizei gescheitert oder abgebrochen worden wären. Doch wie der Anschlag auf einen orthodoxen Juden im März 2024 in Zürich zeigt, kann man sich darauf nicht verlassen (siehe Kapitel 8). Eine echte Gefahr droht, wenn sich der Enthusiasmus und die Gewaltbereitschaft der jungen Möchtegern-Terroristen mit der Kompetenz eines professionellen Terrornetzwerks verbinden würden. Im zweiten der geschilderten Fälle wäre der Zugang zu einem solchen Netzwerk durch den Vater der Anführerin vorstellbar gewesen. Und wie im vorigen Kapitel gezeigt, ist auch der ISPK mittlerweile auf allen sozialen Medien präsent und sucht aktiv nach Unterstützern, die sich mithilfe von terroristischen «Mentoren» zu terroristischen Anschlägen «anleiten» lassen. Sollte er damit in Zukunft erfolgreicher sein, könnte sich die «terroristische Kompetenz» und damit das Anschlagspotenzial der Teenager-Terroristen um ein Vielfaches erhöhen.

Was die aktuelle Situation so brenzlig macht, ist also nicht nur die Rückkehr von dschihadistischen Netzwerken in Form des ISPK oder der Generationswechsel hin zu online radikalisierten Teenager-Terroristen, sondern vor allem die Tatsache, dass beides zur selben Zeit passiert. Ein weiterer, jedoch anders gelagerter Faktor ist der staatlich gesponserte Terrorismus des Iran, um den es im nächsten Kapitel geht.

Tabelle 2: ***Geplante und durchgeführte Anschläge mit salafistisch-dschihadistischem Hintergrund in Westeuropa, 7. Oktober 2023 bis 6. Juni 2024***[108]

Datum[109]	Ort	Anschlagsziel	Alter der Täter Verhafteten
13.10.23	Frankreich (Arras)	«Ungläubige» (Lehrer) *durchgeführt*	20
15.10.23	Großbritannien (Hartlepool)	Juden (jüdischer Mann) *durchgeführt*	45
17.10.23	Belgien (Brüssel)	«Feinde des Islam» (Schweden) *durchgeführt*	45
17.10.23	Frankreich (Seine-et-Marne)	«Feinde des Islam»	15, 16, 18
19.10.23	Frankreich (Straßburg)	Juden (Synagoge)	15
24.10.23	Deutschland (NRW)	Juden/Israel (Pro-Israel-Demonstration)	29
21.11.23	Deutschland (Niedersachsen)	«Ungläubige», Christen (Weihnachtsmarkt)	20
29.11.23	Deutschland (NRW, Niedersachsen)	Juden, Christen (Synagoge, Weihnachtsmarkt)	15, 16
02.12.23	Frankreich (Paris)	«Ungläubige» (Touristen) *durchgeführt*	26
07.12.23	Österreich (Steiermark)	Juden (Synagoge)	16
20.12.23	Spanien (Madrid, Barcelona)	«Feinde des Islam»	15, 15, 16
23.12.23	Deutschland (NRW), Österreich (Wien)	Christen (Kirchen)	25, 27, 28, 30, 30, 38, 41
03.01.24	Spanien (Sevilla)	«Ungläubige» (Schule)	17
15.01.24	Belgien (Antwerpen)	Juden (Synagoge)	19
02.03.24	Schweiz (Zürich)	Juden (orthodoxer Jude) *durchgeführt*	15
03.03.24	Belgien (Brüssel), Frankreich (Paris), Schweiz (Genf)	«Ungläubige» (Konzert)	15, 15, 15, 15, 16, 16 16, 17, 17, 17, 18
05.03.24	Frankreich (Paris)	Christen (Kirchen)	62
19.03.24	Deutschland (Thüringen)	«Feinde des Islam» (Schweden)	23, 30
22.03.24	Frankreich (Lille)	«Ungläubige» (Einkaufszentrum, Schule)	14
12.04.24	Deutschland (NRW, Baden-Württemberg), Schweiz (Thurgau, Schaffhausen)	«Ungläubige» (Christen, Juden, Staat)	15, 15, 15, 16, 16, 16, 18
24.04.24	Frankreich (Haute-Savoie)	«Ungläubige» (Olympia, Einkaufszentrum)	16
03.05.24	Deutschland (Baden-Württemberg)	Juden (Synagoge)	18, 24
12.05.24	Frankreich (Occitanie und Grand Est)	Unbekannt	15, 18
15.05.24	Großbritannien (Manchester)	Juden (Synagoge)	35, 36, 50
19.05.24	Österreich (Steiermark)	«Ungläubige» (Marktplatz)	14
22.05.24	Frankreich (Saint-Étienne)	«Ungläubige» (Olympia)	18
03.06.24	Deutschland (Baden-Württemberg)	«Feinde des Islam» (Aktivist) *durchgeführt*	25

7. Achse des Widerstands

Am Morgen des 17. Mai 2024 kam es in der Nähe der israelischen Botschaft in Stockholm zu einer Schießerei. Rund um die Botschaft und in den angrenzenden Straßen brach Panik aus, doch bereits nach zwei Minuten war der Angriff vorbei. Niemand wurde getötet oder verletzt. Und wegen der hohen Polizeipräsenz nahe der Botschaft konnten die mutmaßlichen Täter schnell gefasst werden. Es handelte sich um drei Jugendliche: einen Vierzehnjährigen, der vermutlich geschossen hatte, einen Fünfzehnjährigen, der am Steuer eines Taxis saß, in dem weitere Waffen entdeckt wurden, sowie seinen sechzehnjährigen Beifahrer. In den Medien hieß es, dass hinter dem Angriff wohl der IS stecke. Aber diese Theorie stellte sich schnell als falsch heraus. Nach Angaben der schwedischen Polizei hatte keiner der drei Verdächtigen irgendwelche Verbindungen zu der Terrororganisation. Trotz ihres jugendlichen Alters waren sie auch keine TikTok-Dschihadisten, die sich im Internet radikalisiert hatten. Stattdessen kannte sie die Polizei als Mitglieder der sogenannten Rumba-Gang, einer Stockholmer Jugendbande.[110] Auf den ersten Blick ergab das keinen Sinn: Welches Interesse sollte eine lokale Gang daran haben, die israelische Botschaft anzugreifen?

Es war nicht der erste Vorfall dieser Art. Bereits im Januar hatte es in Stockholm einen Angriff auf die israelische Botschaft gegeben, für den die Staatsanwaltschaft eine Gang verantwortlich gemacht hatte. Und nur eine Woche nach den Schüssen vom 17. Mai kam es zu einem Angriff auf die israelische Botschaft in Brüssel, bei dem die Täter ebenfalls aus dem Gangmilieu stammten.[111] Die überraschende Erklärung war, dass die Gruppen nicht aus eigenem Antrieb handelten, sondern einen ungewöhnlichen Auftraggeber hatten, und zwar die Regierung der Islamischen Republik Iran. Wie der Chef der schwedischen Spionageabwehr Daniel Stenling am Ende des Monats erklärte, standen die Gangs in engem Kontakt mit Agenten der iranischen Revolutionsgarden. Diese hätten kriminelle Netzwerke überall in Europa damit beauftragt, Anschläge gegen Israel durchzuführen. Die Banden seien nur die Ausführenden gewesen, so Stenling: Die Drahtzieher säßen in Teheran.[112]

Und in der Tat: Seit Jahrzehnten führt die iranische Regierung einen oftmals rücksichtslosen Schattenkrieg gegen ihre Gegner, allen voran die Vereinigten Staaten und Israel. Die Speerspitze bildet dabei das Korps der iranischen Revolutionsgarden (kurz: iranische Revolutionsgarden), eine eigenständige Militärorganisation, die vom Revolutionsführer Chomeini unmittelbar nach der islamischen Revolution im Jahr 1979 ins Leben gerufen wurde. Im Laufe der Jahre sind die Revolutionsgarden zu einem «Staat im Staate» gewachsen und verfügen mittlerweile über eine eigene Streitmacht, einen Geheimdienst, die gefürchteten «Basidsch»-Milizen, die überall im Land gegen Dissidenten vorgehen, sowie ein «gigantisches» Wirtschaftsimperium.[113]

Unter ihrer Führung ist außerdem ein informelles Bündnis entstanden, mit dessen Hilfe der Iran seine Feinde inner- und außerhalb der Region bekämpft. Dieses Bündnis ist sowohl politischer als auch militärischer Natur, und zu ihm gehören sowohl staatliche als auch nichtstaatliche Akteure. Seine prominentesten Mitglieder sind die libanesische Hisbollah, die palästinensische Hamas, der Palästinensische Islamische Dschihad (PIJ, eine weitere Gruppe mit Wurzeln in der Muslimbruderschaft), die syrische Regierung von Bashar al-Assad, die jemenitische Bewegung «Ansar Allah» (besser bekannt als Huthis) sowie eine Reihe von schiitischen Milizen im Irak. Anders als etwa die Nato oder der Warschauer Pakt hat dieses Bündnis kein Statut und keinen Ministerrat. Es hat noch nicht einmal einen offiziellen Namen, doch seit den 2010er-Jahren ist es als «Achse des Widerstands» bekannt.

Wie dieses Kapitel darlegt, geht vom Iran und seinen Partnern auch eine Bedrohung für Europa aus. Seit 2018 haben die Revolutionsgarden mindestens elf Attentate oder Terroranschläge in Europa geplant, allein acht davon in den letzten drei Jahren. Nur drei dieser geplanten Anschläge richteten sich gegen iranische Dissidenten oder innenpolitische Gegner des iranischen Regimes; der Rest zielte auf Israel oder europäische Juden und war somit Teil des asymmetrischen Kriegs, den das Land gegen seine Feinde führt.[114] Auch Mitglieder der «Achse des Widerstands» sind – direkt und indirekt – an dieser Kampagne beteiligt. Dies gilt insbesondere für die Hisbollah, deren Netzwerke in Europa eng mit denen der iranischen Revolutionsgarden verflochten sind, aber möglicherweise auch für die Hamas, bei der es Hinweise darauf gibt, dass sie Europa nicht mehr nur als «Rückzugsraum» nutzt, sondern auch zur Vorbereitung terroristischer Anschläge.

Entstehung und Dynamik

Die Entstehung der «Achse des Widerstands» lässt sich bis zur iranischen Revolution im Jahr 1979 zurückverfolgen. Viele Unterstützer der Revolution sahen sich damals nicht nur als islamistische Opposition zur westlich orientierten Diktatur des Schahs, sondern als transnationale, panislamische «Befreiungsbewegung», deren zentrale Parole «Tod für Israel! Tod für Amerika!» lautete (siehe Kapitel 1). Dies war auch das Ethos der im Mai 1979 von Chomeini gegründeten Revolutionsgarden. Ihr Ziel war nicht nur die Verteidigung der islamischen Revolution gegen Feinde im Innern, sondern vor allem auch ihr Export in den Rest der muslimischen Welt. Aus diesem Grund wurde eine «Abteilung für islamische Befreiungsbewegungen» gegründet, deren erster Chef, Mohammad Montazeri, einer der radikalsten Anhänger Chomeinis war und bereits in den 1970ern im Libanon gegen Israel gekämpft hatte.[115]

In den 1980er- und 1990er-Jahren stand die Gegnerschaft zu Israel im Vordergrund ihrer Aktionen. Den ersten großen Erfolg verzeichneten die Revolutionsgarden 1982 mit der Gründung der Hisbollah im Libanon. Was die Gruppe von den anderen Milizen im libanesischen Bürgerkrieg unterschied, war nicht nur ihr religiöser Eifer und der Einsatz von Selbstmordanschlägen,[116] sondern dass sie den (generell benachteiligten) Schiiten im Libanon gleichzeitig als Wohlfahrtsorganisation und Interessenvertretung diente. Dadurch konnte die Organisation ganz unabhängig vom Konflikt mit Israel in der libanesischen Gesellschaft Wurzeln schlagen und ist bis heute eine der wichtigsten regionalen Stellschrauben für die Einflussnahme des Iran.[117] In den palästinensischen Gebieten tat man sich dagegen lange schwer. Das lag zum einen daran, dass es dort nur wenige Schiiten und damit keine «natürlichen» Verbündeten gab. Zum anderen hatte die damals dominante PLO genügend andere Sponsoren und kein Interesse an einer Abhängigkeit vom Iran. Der erste Verbündete des Iran war ab Ende der 1980er-Jahre der Palästinensische Islamische Dschihad und ab Anfang der 1990er auch die Hamas.[118]

Erst in den 2000er-Jahren wurde die «Achse des Widerstands» zu einem regionalen Bündnis, das sich nicht nur gegen Israel, sondern auch gegen den Einfluss des Westens und der von ihm unterstützten Golfmonarchien – speziell Saudi-Arabien – richtete. Die Möglichkeiten dazu eröffnete der Westen mit seiner fehlgeleiteten Außenpolitik. Nach der Irak-Invasion der USA im Jahr 2003 und dem daraus resultierenden Bürgerkrieg unterstützten die Revolutionsgarden den Aufbau schiitischer Milizen im Irak, die sich am Beispiel der Hisbollah orientierten und bis heute zu den wichtigsten politischen Akteuren im Land gehören.[119] Während des Syrien-Kriegs in den frühen 2010er-Jahren festigte der Iran seine Allianz mit der Assad-Regierung in Syrien und schuf eine neue, mittlerweile sehr enge Verbindung mit Russland.[120] Und während der desaströsen saudischen Militärkampagne im Jemen, die der Westen unterstützte, schlug sich der Iran auf die Seite der schiitischen Huthis, die inzwischen einen Großteil des Landes regieren.[121] Das Ergebnis war ein Geflecht von Allianzen, das Mitte der 2010er-Jahre in alle Ecken des Nahen Ostens reichte. Ihr hauptsächlicher Architekt war Qasem Soleimani, der die Elite-Einheit der Revolutionsgarden leitete und im Januar 2020 durch einen amerikanischen Drohnenschlag im Irak getötet wurde.[122]

Im Rückblick lassen sich vor allem zwei strukturelle Gründe für den Erfolg der «Achse des Widerstands» als iranisches Machtinstrument erkennen. Der erste lautet, dass sie kein reines Militärbündnis ist, sondern von Anfang an sehr stark auf politischer und ethnischer Solidarität beruhte. Natürlich waren alle Gruppen, die Teil der Achse wurden, zunächst hauptsächlich an militärischer Unterstützung interessiert. Doch damit verband sich stets ein ideologisches oder ethnisch-religiöses Projekt. Dieses bestand entweder aus der Feindschaft gegenüber Israel und dem Westen, wie im Fall von Syrien und den palästinensischen Gruppen, oder aus der gemeinsamen schiitischen Identität, wie bei der Hisbollah, den Huthis und den Milizen im Irak.

Wo immer die irakischen Revolutionsgarden auftauchten, ging es deshalb nie nur um militärischen Beistand, sondern immer auch um die Unterstützung politischer beziehungsweise politisch-religiöser Bewegungen, die in der Bevölkerung verwurzelt waren.

Der zweite Grund lautet, dass das Bündnis sehr flexibel ist. Wie bereits erwähnt, hat die «Achse des Widerstands» kein Statut und keine formalen Prozesse. Jede Gruppe verfügt über ihre eigene, individuell definierte Beziehung zum Iran. Im Falle der Hisbollah ist diese traditionell sehr eng, weil sie von den Revolutionsgarden gegründet wurde und bis heute eine nahezu «familiäre» Verbindung zu ihnen hat. Bei anderen «Mitgliedern», wie etwa der Hamas, ist sie komplexer und hat sich im Laufe der Jahre verändert. Für die Revolutionsgarden ist das kein Problem. Ganz im Gegenteil: Sie scheinen genau zu verstehen, dass der Iran nur mit einem hohen Maß an Pragmatismus und Flexibilität seine heutige Position erreichen konnte, nämlich zum Gravitationszentrum für alle antiwestlichen Akteure in der Region zu werden.

Hamas und Hisbollah

Die Hamas und die Hisbollah werden in der medialen Berichterstattung oft im gleichen Atemzug genannt. Doch obwohl es zwischen den zwei Gruppen Ähnlichkeiten gibt, sind sie in vielerlei Hinsicht grundverschieden. Dies hat Konsequenzen für ihr Verhältnis zum Iran und dafür, wie sie in Europa aufgestellt sind und agieren.

Die traditionell enge Beziehung des Iran mit der Hisbollah ist kein Zufall. Was die zwei Akteure zusammenhält, ist nicht nur die historische Verbindung oder die gemeinsame

Feindschaft gegenüber Israel, sondern auch – und vor allem – die schiitische Konfession, die gleichzeitig eine kommunale Identität ist. Neben politischen und materiellen Interessen teilen die Hisbollah und der Iran eine starke religiöse und kulturelle Affinität, die weit über strategische Erwägungen hinausreicht. Sie sehen sich als Teil derselben «Familie», und ihre Zusammenarbeit ist kein bloßes Zweckbündnis, sondern Ausdruck dessen, was der Forscher Vali Nasr als «schiitisches Revival» beschrieben hat.[123]

Eine der Folgen ist, dass die europäischen Netzwerke der Hisbollah von Anfang an sehr stark mit denen der iranischen Revolutionsgarden verwoben waren. Wie auch bei der Hamas ist der vorrangige Zweck dieser Netzwerke das Einsammeln von Spenden, die Verbreitung von Propaganda sowie das Beschaffen von Militärtechnik und die Unterbringung von Aktivisten, für die es im Nahen Osten zu «heiß» geworden ist.[124] Stärker noch als die Hamas fungiert die Hisbollah jedoch gleichzeitig als Repräsentantin «ihrer» Community, das heißt von libanesischen (und zum Teil anderen arabischen) Schiiten, die in Europa leben. Zu diesem Zweck ist sie in verschiedenen Teilen Europas auch in schiitischen Gemeindezentren und Moscheen präsent, deren religiöse Funktion oftmals kaum von sozialen und politischen Aktivitäten zur Unterstützung der Hisbollah und der iranischen Regierung zu trennen sind.[125]

Ein gutes Beispiel ist das Ende Juli 2024 geschlossene Islamische Zentrum rund um die sogenannte Blaue Moschee in Hamburg, das als europaweiter Angelpunkt für die Koordinierung von proiranischen Netzwerken galt. Sein Leiter war ein Kleriker, der aus dem religiösen Establishment des Iran stammt, vom iranischen Revolutionsführer Ali Khamenei persönlich berufen wurde und in seinem Lebenslauf enge Verbindungen zu den iranischen Revolutionsgarden angab.[126] Die größten Probleme hatte das Zentrum jedoch wegen seiner Nähe zur Hisbollah gehabt. Im Jahr 2022 wurde einer seiner Imame deshalb des Landes verwiesen.[127] Und im Jahr 2023 begründete die Bundesregierung hiermit eine große Razzia.[128] Die Verbindungen zur Hisbollah und zum iranischen Staat waren in diesem Hamburger Zentrum – und an ähnlichen Orten – offenbar so eng, dass manche Sicherheitsbehörden gar nicht mehr zwischen bestimmten Akteuren unterschieden, sondern nur noch von «schiitischen» oder «schiitisch-islamistischen Netzwerken» sprachen.[129]

In Bezug auf die Hamas ist die Dynamik völlig anders. Im Unterschied zur Hisbollah war der Iran für sie nie ein «natürlicher» Partner, denn ihre Form des Islamismus ist sunnitisch, nicht schiitisch, und mit der Muslimbruderschaft verfügte sie bereits über ein eigenes potentes Netzwerk. Dass es Anfang der 1990er überhaupt zu einer Annäherung zwischen der Hamas und dem Iran kam, lag vor allem an gemeinsamen Interessen: Der Iran gewann eine Einflussmöglichkeit auf den zentralen Konflikt in der Region, und die Hamas bekam Geld, Waffen und Zugang zum terroristischen Know-how der Revolutionsgarden und der Hisbollah.[130] Als die Interessen während des syrischen Bürgerkriegs dann wieder divergierten, kam es konsequenterweise zum Bruch. In dieser Zeit verlegte die Hamas ihr «Politbüro» von Syrien nach Katar – ein weiterer Sponsor –, und es dauerte fünf lange Jahre, bis sich die zwei Akteure im Jahr 2017 wieder offiziell versöhnt hatten.[131]

Die relative Eigenständigkeit der Hamas spiegelte sich auch in ihren Strukturen in Europa wider, die unabhängig von iranischen Kräften funktionierten und nicht auf deren Unterstützung angewiesen waren. Die engsten Partner der Hamas waren in aller Regel keine schiitischen Organisationen, sondern Gruppen, die in der Tradition der (sunnitischen) Muslimbruderschaft standen. Hierzu gehörte beispielsweise der bis zu seinem Verbot im Jahr 2002 in Aachen ansässige Verein «al-Aqsa», der für die Familien von getöteten Kämpfern und Selbstmordattentätern Spenden sammelte.[132] Ein gewisses Maß an Freiheit verschaffte der Hamas außerdem die Tatsache, dass sie in Europa grundsätzlich keine terroristischen Operationen durchführte. Auf der Prioritätenliste europäischer Sicherheitsbehörden rangierte sie deshalb weit unten, und der Verfolgungsdruck war lange Zeit minimal.[133]

Doch diese Prämissen könnten sich geändert haben. Am 14. Dezember 2023 kam es in Deutschland, den Niederlanden und Dänemark zur Festnahme von sieben mutmaßlichen Terroristen, die unter dem Verdacht stehen, im Auftrag der Hamas terroristische Anschläge gegen jüdische und israelische Ziele in Europa geplant zu haben. In Berlin und Rotterdam ging es um vier angebliche Hamas-Mitglieder, die Waffenverstecke ausfindig machen sollten, um Anschläge gegen jüdische Institutionen vorzubereiten.[134] In Kopenhagen waren es drei Mitglieder einer lokalen Gang, die nach Angaben der Staatsanwaltschaft einen Angriff auf die israelische Botschaft ausführen wollten. Sollten sich die Vorwürfe erhärten, würde dies auf eine radikal veränderte Strategie der Hamas hindeuten. Besonders der Fall in Kopenhagen könnte außerdem ein Hinweis auf eine wachsende Beziehung zu den Revolutionsgarden sein, die in Stockholm und Brüssel zur selben Zeit fast identische Anschläge mit lokalen Gangs als «Stellvertretern» planten. Laut der jüdischen Organisation «Community Security Trust» würde diese Entwicklung «eine erhebliche Verschärfung der Bedrohung für jüdische Gemeinden [in Europa] bedeuten».[135]

Die Revolutionsgarden

Der zentrale Akteur in den vom Iran gesteuerten Kampagnen sind die iranischen Revolutionsgarden. Wie Tabelle 3 (S. 110) zeigt, waren diese in den sechs Jahren von Juni 2018 bis Juni 2024 für mindestens elf Anschlagsversuche in Europa verantwortlich.[136] Nur drei davon zielten auf iranische Oppositionelle oder Regimegegner, während acht gegen jüdische und/oder israelische Ziele gerichtet waren. Daran wird deutlich, dass der Iran Europa unverändert als Schlachtfeld seiner Auseinandersetzung mit Israel und dem Westen begreift.

Eine genauere Analyse offenbart die Vorgehensweise der Revolutionsgarden. In den meisten Fällen wären die Anschläge nicht von ihnen selbst, sondern von «Stellvertretern» durchgeführt worden – vermutlich, um die Verantwortung der iranischen Regierung zu verschleiern oder sie abstreiten zu können. In den ersten drei der geplanten Anschläge handelte es sich dabei um «lokale Unterstützer», das heißt Exil-Iraner, die schon längere Zeit an den jeweiligen Orten lebten und dort zum Teil als «Schläfer» agierten. Doch ab 2021 änderte sich das Muster: Seitdem kooperieren die Revolutionsgarden mit lokalen «Profis», also Auftragsmördern oder kriminellen Netzwerken oder Gangs, wie etwa bei den Anschlägen auf die israelischen Botschaften in Stockholm und Brüssel. Dass ihnen die Umsetzung ihrer Vorhaben dennoch nicht gelang, lag in den meisten Fällen daran, dass die Anschlagsziele sehr gut geschützt waren oder dass ihnen der israelische Auslandsgeheimdienst Mossad rechtzeitig auf die Spur kam. In einigen Fällen war es wahrscheinlich reines Glück.

Den Revolutionsgarden geht es dabei nicht nur um Israel oder vermeintliche «Zionisten». Dies illustriert ein erstes Beispiel vom April 2021. Damals wurde versucht, zwei prominente schwedische Juden zu töten: Saskia Pantell, die Chefin der Zionistischen Föderation, und Aron Verständig, den Vorsitzenden des schwedischen Rats der jüdischen Gemeinden. Als Attentäter fungierte ein iranisches Ehepaar, das seit 2015 in Schweden lebte und während eines Aufenthalts im Iran mit dem Anschlag beauftragt worden war. Unmittelbar nach ihrer Rückkehr nach Schweden im Februar 2021 begannen die beiden mit der Ausspionierung ihrer Opfer. Nachdem sie die Wohnadressen von Pantell und Verständig herausgefunden hatten, folgten sie ihnen nahezu täglich und machten dabei zahlreiche Fotos. Wie genau die Ermordung stattfinden sollte, war bis zum Schluss unklar. Doch im April war die schwedische Polizei davon überzeugt, dass die Tat kurz bevorstand, und ließ die mutmaßlichen Attentäter festnehmen.[137]

Wie sich herausstellte, agierten die Ehepartner als «Schläfer» der Revolutionsgarden. Als sie im Sommer 2015 nach Schweden gekommen waren, gaben sie sich als Afghanen aus und präsentierten gefälschte Dokumente. Dies blieb nicht lange unbemerkt. Bereits im darauffolgenden Jahr machte ein Übersetzer darauf aufmerksam, dass der Dialekt des Paars keinesfalls aus Afghanistan stammte.[138] Wenig später erhielt die Einwanderungsbehörde zwei anonyme Tipps, denen zufolge der Mann eine falsche Identität angegeben habe und ein «potenziell gefährlicher Iraner» sei.[139] Dennoch wurde dem Asylgesuch der beiden im Jahr 2017 stattgegeben, und sie konnten auf unbestimmte Zeit in Schweden bleiben. Dort lebten sie nach Angaben der schwedischen Behörden vier Jahre lang völlig unauffällig, bevor sie mit der Tötung der zwei Juden beauftragt wurden. Zu einem Gerichtsprozess gegen das Paar kam es nie: Nach zehn Monaten juristischer und diplomatischer Verwicklungen wurden die beiden in den Iran abgeschoben.[140]

Ein zweites Beispiel stammt vom Herbst 2022 und betrifft geplante – und teilweise durchgeführte – Anschläge auf drei Synagogen in Nordrhein-Westfalen sowie den Vorsitzenden des Zentralrats der Juden in Deutschland, Josef Schuster. Auftraggeber war der Deutsch-Iraner Ramin Yektaparast, ein mehrfach vorbestrafter Krimineller und Gründer des Mönchengladbacher Chapters der Biker-Gang «Hell's Angels». Yektaparast rekrutierte einen Bekannten (ebenfalls ein Deutsch-Iraner), um den Anschlag auf die Synagoge in Bochum durchzuführen. Ein weiterer Kontakt plante einen Angriff auf die Synagoge in Dortmund. Und eine dritte, weiterhin unbekannte Person feuerte vier Schüsse auf die Synagoge in Essen und das Wohnhaus des dortigen Rabbiners ab. Diese Person erhielt auch den Auftrag, die Lebensumstände von Josef Schuster auszukundschaften. Die einzige Verurteilung, die am Ende zustande kam, war die des Attentäters von Bochum, bei der das Oberlandesgericht Düsseldorf feststellte, dass die Planung auf «staatliche iranische Stellen» – das heißt die Revolutionsgarden – zurückging.[141]

Yektaparast blieb zunächst von der Strafverfolgung verschont, da er bereits im Jahr 2021 in den Iran geflohen war. Damals stand er unter Verdacht, ein anderes Gangmitglied ermordet zu haben, und stand kurz davor, von den deutschen Behörden verhaftet zu werden. Laut Medienberichten halfen ihm die Revolutionsgarden bei seiner Flucht und verpflichteten ihn daraufhin zur Mitarbeit.[142] Yektaparast nahm sein neues Leben im Iran mit Enthusiasmus an und posierte für seinen Instagram-Account vor der iranischen Flagge. Auf einem anderen Foto war er beim Begräbnis eines Generals der Revolutionsgarden zu sehen. Die Anschläge auf die Synagogen in Deutschland koordinierte er über seinen WhatsApp-Account. Als sein Bekannter in Bochum bei der Durchführung des Angriffs zögerte, schrieb er ihm: «Bruder, wenn du nicht willst, sag mir Bescheid, damit ich mich hier nicht blamiere.»[143] Dass der Plan aufflog, lag vor allem daran, dass die Person, die er für den Anschlag auf die Dortmunder Synagoge rekrutiert hatte, kalte Füße bekam und zur Polizei ging. Auch die israelischen Behörden verfolgten die gesamte Operation offenbar mit großem Interesse. Doch statt auf die (unwahrscheinliche) Auslieferung Yektaparasts nach Deutschland zu warten, nahmen sie die Sache selbst in die Hand: Anfang 2024 wurde Yektaparast von einer israelischen Spezialoperation im Iran getötet.[144]

Der vom iranischen Staat gesponserte und von den Revolutionsgarden und ihren Partnern in der «Achse des Widerstands» durchgeführte Terrorismus ist somit der dritte Bestandteil der bevorstehenden Welle. Auch hier geht es um dschihadistischen Terrorismus, weil alle Akteure – die Revolutionsgarden, die Hamas und die Hisbollah – Islamisten sind, die ihre Gewalt religiös rechtfertigen. Das bedeutet nicht, dass sie mit anderen Strömungen des Dschihadismus – wie etwa dem ISPK oder den TikTok-Dschihadisten – eine Einheit bilden oder mit ihnen zusammenarbeiten. Im Gegenteil: Aus Sicht von Iran und Hisbollah sind salafistische Dschihadisten eine Bedrohung, weil sie Schiiten als «Abtrünnige» betrachten. Und auch die Hamas hat mit salafistischen Dschihadisten eine komplizierte, in den meisten Fällen ablehnende oder gar feindliche Beziehung.[145]

Was sie trotz aller Unterschiede eint, ist eine Ideologie, die im Vormarsch der westlichen Moderne eine Gefahr für den Islam sieht und ihn deshalb gewaltsam bekämpfen will. Dies ist auch der Grund, weshalb die bevorstehende Terrorwelle eine Bewährungsprobe für Europa und europäische Gesellschaften ist: Sie bedroht nicht nur Personen oder Personengruppen, sondern vor allem die Idee eines liberalen und pluralistischen Europas.

Tabelle 3: *Anschlagspläne des Iran in Westeuropa, Juni 2018 bis Juni 2024*[146]

Datum[147]	Ort	Anschlagsziel	Akteure
Juni 2018	Paris, Frankreich	Dissidenten (Nationaler Widerstandsrat Iran)	Iranische Revolutionsgarden mit lokaler Unterstützung
Oktober 2018	Kopenhagen, Dänemark	Dissidenten (Ahvaz Nationaler Widerstand)	Iranische Revolutionsgarden mit lokaler Unterstützung
April 2021	Stockholm, Schweden	Juden (Vorsitzender; jüdischer Zentralrat und Vorsitzende; Zionistische Föderation)	Iranische Revolutionsgarden mit lokaler Unterstützung
September 2021	Nikosia, Zypern	Juden/Israel (israelischer Geschäftsmann)	Iranische Revolutionsgarden mit Auftragsmörder
November 2022	London, Großbritannien	Dissidenten (Journalisten des Fernsehkanals Iran International)	Iranische Revolutionsgarden mit Auftragsmörder
November 2022	NRW und Berlin, Deutschland	Juden (Synagogen in Bochum, Essen, Dortmund, Vorsitzender des Zentralrats der Juden) *teilweise durchgeführt*	Iranische Revolutionsgarden mit kriminellem Netzwerk
März 2023	Athen, Griechenland	Juden/Israel (koscheres Restaurant, u. a. jüdische und israelische Ziele)	Iranische Revolutionsgarden mit Auftragsmörder
Juni 2023	Limassol, Zypern	Juden/Israel (jüdische und israelische Geschäftsleute, Synagoge)	Iranische Revolutionsgarden mit Auftragsmörder
Januar 2024	Stockholm, Schweden	Israel (Botschaft) *teilweise durchgeführt*	Iranische Revolutionsgarden mit kriminellem Netzwerk
Mai 2024	Stockholm, Schweden	Israel (Botschaft) *durchgeführt*	Iranische Revolutionsgarden mit kriminellem Netzwerk
Mai 2024	Brüssel, Belgien	Israel (Botschaft) *teilweise durchgeführt*	Iranische Revolutionsgarden mit kriminellem Netzwerk

TEIL III

Bewährungsprobe für Europa

8. Bedrohung des jüdischen Lebens

Was Terrorismus von anderen Formen der Gewalt unterscheidet, ist sein symbolischer Charakter. Terroristische Anschläge dienen in aller Regel nicht dazu, ein bestimmtes Territorium zu erobern oder eine feindliche Armee zu zerstören, sondern sie sollen erschrecken und einschüchtern. Ihre unmittelbaren Opfer, also die Menschen, die dabei zu Tode kommen oder verletzt werden, sind das Symbol. Aber damit verbunden ist stets eine Botschaft, die sich an eine viel größere Gruppe – typischerweise eine Bevölkerung oder eine Regierung – richtet, zum Beispiel: «Niemand ist sicher, solange ihr eure Politik nicht ändert.» Terrorismus ist so gesehen vor allem eine Form der psychologischen Kriegsführung – ein Versuch, das Denken und die Einstellungen von Menschen durch Akte schockierender Gewalt zu manipulieren. Er zielt nicht allein auf die unmittelbaren, physischen Opfer, sondern auf die breite Masse der Gesellschaft, die von der terroristischen Gewalt in Schrecken versetzt, beeinflusst, verunsichert werden soll.[1]

Wer verstehen möchte, welche Konsequenzen die bevorstehende Terrorwelle hat, muss sich deshalb damit beschäftigen, was sie mit europäischen Gesellschaften und der Vision eines demokratischen, pluralistischen Europas anrichten würde. Denn genau hierauf haben es die Terroristen abgesehen. Wenn nicht bereits am 7. Oktober 2023, so wurde dies spätestens fünf Monate später, am 2. März 2024, klar. An jenem Tag kam es im Zentrum von Zürich zu einem dramatischen Angriff, bei dem ein orthodoxer Jude auf offener Straße niedergestochen und beinahe umgebracht wurde. Der Täter war ein fünfzehnjähriger Schweizer namens Houij A., dessen Familie aus Tunesien stammt und der kurz vor seiner Tat «Allahu Akbar» («Gott ist groß») und «Tod den Juden» rief. In vielerlei Hinsicht war Houij ein typischer TikTok-Dschihadist, der viel Zeit im Internet verbrachte und auf mehreren Plattformen aktiv war.[2] Doch trotz seines jugendlichen Alters kannte er sich in der dschihadistischen Szene aus und verstand genau, was er tat. In einem Video, das er kurz vor seiner Tat veröffentlichte, bekannte er sich zum IS und wiederholte exakt die Worte, die Abu Hudhayfah in seiner vierunddreißigminütigen Audiobotschaft vom Januar desselben Jahres gesprochen hatte (siehe Kapitel 4). «Der Glaube, dass das Bekämpfen von Juden sich auf Palästina beschränkt, ist falsch», so Houij (beziehungsweise Abu Hudhayfah), «denn der Kampf findet überall auf der Erde und unter dem Himmel statt.»[3]

Unter Nichtjuden und außerhalb der Schweiz machte der Vorfall kaum Schlagzeilen. Und warum auch? Es gab nur ein einziges Opfer, das noch dazu überlebt hatte. Doch für viele Juden war der Angriff ein Schock und warf existenzielle Fragen auf. Natürlich war der Antisemitismus, der auf dem Kontinent schon einmal zur Auslöschung fast allen jüdischen Lebens geführt hatte, niemals völlig verschwunden. Jetzt allerdings hatte er ein anderes Gesicht: Lange Zeit waren antisemitische Übergriffe hauptsächlich von Rechtsextremisten ausgeübt worden, in jüngerer Zeit aber gingen sie insbesondere auch auf Islamisten zurück. Wann immer es zu Spannungen im Nahen Osten kam, nahmen antisemitische Vorfälle in Europa zu, weil Juden für das Handeln des «jüdischen Staates» Israel verantwortlich gemacht wurden.[4] Während der 2010er gerieten Juden immer stärker auch ins Visier von Dschihadisten, deren Anschläge sich überproportional häufig gegen Juden oder jüdisches Leben richteten – so zum Beispiel die jüdische Schule in Toulouse (2012), das Jüdische Museum in Brüssel (2014), einen koscheren Supermarkt in Paris (2015) oder die Synagoge in Kopenhagen (2015).

Die allermeisten Juden blieben Europa dennoch treu und vertrauten den Versprechen von europäischen Politikern und Regierungen, alles für ihren Schutz zu tun. Doch die Ereignisse vom 7. Oktober und jene, die darauf folgten, haben die Debatte über die Möglichkeit jüdischen Lebens in Europa neu befeuert. Der Angriff in Zürich war auch deshalb ein Einschnitt, weil er in der scheinbar so friedlichen und wohlhabenden Schweiz stattfand. «Als die Nachricht durchkam, leuchtete mein Telefon auf», erinnert sich Gady Gronich, der als Generalsekretär des «Institute for Freedom of Faith and Security in Europe» (IFFSE) mit jüdischen Gemeinden überall in Europa in Kontakt steht: «Alle hatten Angst. Und jeder fragte sich: Wenn selbst Zürich nicht mehr sicher ist, was dann?»[5]

Aus Sicht europäischer Juden entwickelt sich die neue Terrorwelle also nicht in einem Vakuum, sondern rollt auf eine Community zu, die ohnehin unter Druck steht. Dieser Druck kommt durch eine mehrfache Belastung zustande: das Gefühl von Isolation und Entfremdung nach der Terroroffensive vom 7. Oktober, die objektiv gestiegene Bedrohung durch Terrorismus und antisemitische Straftaten und eine subjektive Bedrohungswahrnehmung, die durch gruppendynamische Prozesse noch verstärkt wird. Es ist das Zusammentreffen dieser Faktoren, das die neue Terrorwelle zu einer besonderen Gefahr für jüdisches Leben in Europa werden lässt.

Der Eindruck, von ihren Gesellschaften im Stich gelassen zu werden, stellte sich bei vielen jüdischen Menschen in Europa bereits am 7. Oktober ein und hat sich in den darauf folgenden Monaten noch verstärkt. Ein gutes Beispiel ist die Erfahrung von Yael Landman, einer belgischen Jüdin und Aktivistin, die Sicherheitstrainings für jüdische Gemeinden organisiert. «Die Reaktion war unmittelbar», sagt sie über den 7. Oktober, «alle verstanden sofort, dass es diesmal schlimmer sein würde als bei vergangenen Angriffen auf Israel. Und alle waren zutiefst betroffen.» Ein wichtiger Grund sei die starke emotionale Verbindung zwischen Juden und Israel, die sich mit der jahrhundertelangen Erfahrung von Vertreibung, Pogromen und dem Holocaust erklären lässt. Selbst wenn man nicht in Israel lebe und kein Interesse habe, dort hinzuziehen, sei die Existenz des «jüdischen Staates» für viele eine Art Lebensversicherung, so Landman: «Juden fühlen sich sicher, weil sie wissen, dass Israel stark ist und sie im Notfall beschützt.» Dadurch, dass Israel am 7. Oktober so schwach und verwundbar gewesen sei, hätten sich Juden überall auf der Welt ebenfalls schwach und verwundbar gefühlt: «Jeder sah die Videoclips, jeder sah die Verwüstung in den Dörfern, die lachenden Terroristen in den Jeeps. Und alle dachten sich: Das hätte auch mich treffen können!»[6]

Ein weiterer Grund war die feindselige Reaktion in Europa. Die Terroroffensive hatte noch nicht geendet; und obwohl Juden nicht Täter, sondern Opfer waren, kam es innerhalb weniger Stunden in zahlreichen europäischen Städten zu antisemitischen Vorfällen. «Es war total verrückt», meint Landman: «In Israel gibt es Terror gegen Juden, die Körper der Toten sind noch warm, viele von uns können kaum klar denken, weil wir uns Sorgen um Familie und Freunde machen – und was passiert? In Antwerpen werden orthodoxe Juden angespuckt, und überall im Internet wird die Hamas gefeiert.» Viele Juden hätten die Reaktionen genau verfolgt und seien bereits am 7. Oktober zu dem Schluss gekommen, dass es den vermeintlichen «Antizionisten» und «Israelkritikern» gar nicht um Israel ging, sondern um sie als Juden. Wie sonst sei erklärbar, dass europäische Juden – die ja gerade *nicht* in Israel lebten – noch am selben Tag zu Opfern von Hasskriminalität wurden? «Israel hatte noch überhaupt nichts gemacht», meint Landman, «und trotzdem kommen die ganzen Antisemiten sofort aus ihren Löchern. Es war, als hätten sie Blut gerochen.»[7]

Dieser Eindruck verfestigte sich in den darauffolgenden Wochen, als Hunderttausende Menschen in Europa gegen die israelische Militäroffensive auf die Straße gingen. Wieder stand Israel im Vordergrund, und wieder nahmen viele Juden die Proteste als antisemitisch wahr. Das prominenteste Beispiel ist der Slogan *From the river to the sea, Palestine will be free*, der bei vielen Demonstrationen gerufen wurde. «Wenn Juden diesen Slogan hören, dann fragen sie sich: Wovon soll Palästina denn befreit werden?», erklärt der Präsident der Europäischen Rabbinerkonferenz Pinchas Goldschmidt: «Und die Antwort ist natürlich: von den Juden, denn zwischen dem Jordanfluss und dem Mittelmeer ist nun mal Israel, der jüdische Staat.» Nicht viel besser sei der Schlachtruf *Yallah, yallah Intifada*, wobei *yallah* so viel bedeutet wie «Auf geht's!» und *Intifada* die Bezeichnung für zwei Palästinenseraufstände in den späten 1980er- und frühen 2000er-Jahren ist. «Für viele Juden war besonders die Intifada in den Nullerjahren eine traumatische Erfahrung», sagt Goldschmidt. «Es kam zu Dutzenden von Selbstmordanschlägen überall in Israel, bei denen über tausend Juden ihr Leben verloren. Viele davon hatten Freunde und Verwandte in Europa.» Der entscheidende Punkt sei, dass sich die Anschläge während dieser Zeit «gegen Juden als Juden» richteten, und deswegen, so Goldschmidt, «sind die Worte *Yallah, yallah Intifada* in jüdischen Ohren ein Aufruf zum Mord an Juden – egal, ob man nun in Israel oder in Irland sitzt».[8]

Genauso hart wie der teils offene Antisemitismus traf viele Juden auch die mangelnde Unterstützung aus Teilen der Gesellschaft, von denen man geglaubt hatte, sie seien «Verbündete». Jüdische Gemeinden hatten sich jahrelang im interreligiösen Dialog engagiert und an Demonstrationen gegen Rassismus beteiligt. Sie waren häufig die Ersten, die Hasskriminalität gegen andere Minderheiten oder Religionsgruppen, wie etwa Angriffe gegen Muslime oder auf Moscheen, verurteilten. Dass besonders Muslime und muslimische Gemeinden jetzt, wo die Vorfälle Juden trafen, nichts zu sagen wussten, empfanden viele als Vertrauensbruch. «Da war nach dem 7. Oktober fast gar nichts zu hören oder eher Halbherziges», meint Josef Schuster, der Präsident des Zentralrats der Juden in Deutschland.[9] Ähnliches galt mit Abstrichen auch für den Rest der Gesellschaft. Verglichen mit den Protesten *gegen* Israel, gab es nur wenige Demonstrationen, die sich mit Juden oder Israel solidarisierten, wobei die meisten Teilnehmer entweder selbst Juden waren oder zu deren engstem Umfeld gehörten. Äußerungen aus dem linken Spektrum wurden oft als distanziert wahrgenommen, und über die Universitätsbesetzungen, bei denen die Hamas und andere Terrorgruppen als «Widerstandskämpfer» gefeiert wurden, war man schockiert.[10] Kurzum: Die Mischung aus Empathielosigkeit und offener Feindseligkeit, die sich weithin beobachten ließ, verursachte bei zahlreichen Juden Isolation und Entfremdung. Schuster sprach für viele, als er sagte: «Ich erkenne dieses Land zuweilen nicht wieder.»[11]

Angegriffen

Das Gefühl der Isolation ging mit einem objektiv belegbaren Anstieg des Antisemitismus einher. Wie die Zahlen von nationalen Dokumentationsstellen zeigen, kam es in Europa unmittelbar nach dem 7. Oktober zu so vielen antisemitischen Vorfällen wie in keinem anderen Zeitraum der jüngeren Geschichte. Mit Ausnahme von Italien gab es in allen Ländern, die über solche Stellen verfügen, in den drei Monaten ab dem 7. Oktober mehr Vorfälle als in den vorangegangenen neun Monaten zusammen. In den meisten lag der Anstieg im Vergleich zum Vorjahr sogar im dreistelligen Prozentbereich.[12] Großbritannien, wo Antisemitismus-Vorfälle seit 2008 gezählt werden, ist ein gutes Beispiel: Laut dem «Community Security Trust» (CST) war 2023 das Jahr, der Oktober 2023 der Monat und der 11. Oktober 2023 der Tag mit den meisten Vorfällen, seitdem entsprechende Zahlen erhoben werden. Interessant ist auch, dass viele dieser Vorfälle passierten, noch bevor Israel seine Militäroffensive überhaupt begonnen hatte: Den ersten verzeichnete CST bereits um kurz vor 13 Uhr am 7. Oktober, als die Terroroffensive der Hamas noch in vollem Gange war.[13]

Die gefährlichste Bedrohung sind zweifellos terroristische Anschläge. Obwohl es Dschihadisten schon immer auf Juden und jüdisches Leben abgesehen hatten, sind Juden seit dem 7. Oktober noch stärker ins Visier gerückt. Wie ein Analyst eines europäischen Nachrichtendienstes bestätigt, hat sich durch den Gaza-Konflikt die dschihadistische Priorisierung verändert: «Ziele, die mit Israel und Juden in Verbindung gebracht werden können, sind wichtiger geworden.»[14] Von siebenundzwanzig geplanten oder durchgeführten Anschlägen in den acht Monaten zwischen dem 7. Oktober 2023 und dem 7. Juni 2024 richteten sich zehn und damit mehr als ein Drittel ganz oder teilweise gegen jüdische Ziele – in den meisten Fällen gegen Synagogen (siehe Kapitel 6). Hinzu kommen die drei wahrscheinlich vom Iran in Auftrag gegebenen Anschläge und Anschlagsversuche auf israelische Botschaften (siehe Kapitel 7).

Für Sicherheitsbehörden und jüdische Gemeinden ist dies paradoxerweise von Vorteil, denn Synagogen und israelische Botschaften gehören in aller Regel zu stark geschützten Objekten. Doch wie der Anschlag von Zürich beweist, gibt es auch andere, «softere» Ziele, die sich nur schwer oder gar nicht schützen lassen. Schon im Oktober 2023 plante der deutsche Gefährder Tarik S. etwa, einen Lastwagen in eine Pro-Israel-Demonstration zu steuern.[15] Und der IS hat seitdem in mehreren Statements explizit dazu aufgerufen, nicht nur «jüdische Tempel» – also Synagogen – ins Auge zu fassen, sondern auch jüdische Restaurants, «Wirtschaftsinteressen» und sogar «jüdische Nachtclubs».[16]

Ein weiterer Faktor ist der starke Anstieg der sogenannten Hasskriminalität, die sich in ihren Konsequenzen oft nur schwer von Terrorismus unterscheiden lässt. Direkte Angriffe auf jüdische Communitys haben laut den Dokumentationsstellen in vielen europäischen Ländern seit dem 7. Oktober um etwa hundert Prozent zugenommen.[17] Der einzige Unterschied zum Terrorismus besteht darin, dass diese angeblich «spontaner» sind und sich nicht so eindeutig einer bestimmten Gruppe zurechnen lassen. Zu dieser Kategorie zählt beispielsweise der Angriff auf ein jüdisches Gemeindezentrum in Berlin-Mitte mit Molotowcocktails, das Zertrümmern des Schaufensters einer koscheren Fleischerei in Wien und Dutzende von gewalttätigen Übergriffen gegen Juden, meist auf offener Straße.[18] Was diese Art von Kriminalität so verheerend macht, ist nicht nur die Gefährdung von Menschenleben, sondern ihre psychologische Dimension. Dies war besonders der Fall, als Angreifer kurz vor dem Jahrestag der Reichspogromnacht im November 2023 im jüdischen Abschnitt des Wiener Friedhofs ein Feuer legten, bei dem Teile der Zeremonienhalle und ein Thoraschrein fast vollständig zerstört wurden. Menschenleben kamen dabei nicht in Gefahr, aber für viele Juden in Wien war der Vorfall eine traumatische Erinnerung an das dunkelste Kapitel ihrer Geschichte. Laut Benjamin Nägele, dem Generalsekretär der Israelitischen Kultusgemeinde in Wien, dauerte es Wochen, bis man die «emotionale Eskalation», die ihm folgte, wieder eingefangen hatte.[19] Man könnte auch sagen: Der Anschlag verursachte – im wahrsten Sinne des Wortes – Terror.

Neben extremer Gewalt und physischen Übergriffen sind es vor allem die «kleineren», aber von ihrer Anzahl her häufigeren Vorfälle, die das veränderte Klima seit dem 7. Oktober kennzeichnen. Dazu gehören insbesondere Sachbeschädigungen, Schmierereien und Beleidigungen, von denen die Dokumentationsstellen mehrere Tausend in ganz Europa erfasst haben. Für Juden sind diese beängstigend, weil sie in praktisch allen Lebensbereichen stattfinden und wahrgenommen werden, so etwa am Arbeitsplatz, in der Schule und an Universitäten. Typische Beispiele sind Flugblätter, die verbreiten, man solle Juden «vergasen», antisemitische Drohbriefe an jüdische Kindergärten und natürlich die vielen mit Hakenkreuzen oder anderen Nazisymbolen beschmierten Poster gekidnappter Israelis.[20] Als besonders alarmierend werden derartige Vorfälle im Wohnumfeld empfunden. Regelrechte Panik löste etwa die «Markierung» von Häusern mit Davidsternen aus, zu der es unter anderem in Paris und Berlin kam. Dies erinnerte viele Juden an die Kennzeichnung jüdischer Geschäfte während der Nazizeit, vor allem aber kommunizierte es: «Wir wissen, wo du wohnst!» Auch Benjamin Steinitz von der Dokumentationsstelle RIAS in Berlin, der seit vielen Jahren alle Facetten des Antisemitismus in Deutschland beobachtet, meint: «Das hatte eine völlig neue Qualität.»[21]

Nicht zuletzt manifestierte sich der wachsende Antisemitismus auch online. Dass sich dort Antisemiten tummeln, ist natürlich nicht neu, denn das Internet bietet aufgrund seiner (relativen) Anonymität Extremisten aller Art ideale Voraussetzungen, um ihrem Hass freien Lauf zu lassen. Im Zusammenhang mit dem 7. Oktober wurden dabei nicht nur alle klassischen Vorurteile artikuliert und in Memes verpackt, sondern häufig auch Personen, deren Namen oder Profile vermuten ließen, sie seien jüdisch, gezielt angesprochen und bedroht. Als Vorlagen dienten oftmals die Gräueltaten der Hamas vom 7. Oktober, die zu Gewalt- und Vernichtungsfantasien gegen europäische Juden umgemünzt wurden. «[Auch] Dein Tod ist nahe, Du Schwein!», hieß es etwa in einer Instagram-Nachricht an eine Jüdin aus Niedersachsen.[22] Gerade im Online-Bereich ist die Dunkelziffer der Taten besonders hoch, weil die Dokumentationsstellen nicht proaktiv nach antisemitischen Äußerungen suchen, sondern nur auf entsprechende Meldungen von Benutzern reagieren und Vorfälle auch nur dann registrieren, wenn sie explizit an eine bestimmte Person gerichtet sind.[23] Dennoch liegt der Anstieg in vielen europäischen Ländern bei mehreren hundert Prozent und ist speziell auf neueren, stark von Algorithmen getriebenen Plattformen wie TikTok noch höher.[24]

Unsichtbar

Die starke Zunahme des Antisemitismus seit dem 7. Oktober hat bisher noch nicht dazu geführt, dass europäische Juden ihre Heimatländer in nennenswertem Umfang verlassen haben.[25] Aber er hat jüdisches Leben überall in Europa deutlich eingeschränkt und Juden dazu veranlasst, sich «unsichtbar» zu machen. Laut Ariel Muzicant, Präsident des Europäischen Jüdischen Kongresses, lassen viele jüdische Männer ihre Kippa häufiger zu Hause, und auch die Halskette mit dem Davidstern wird weniger oft getragen. Die Mesusa – eine Schriftkapsel, die typischerweise außen an der Haustür angebracht ist – wird nach drinnen gehängt. Beim Lieferservice und bei Uber registriert man sich mit anderen, weniger «jüdisch klingenden» Namen. Diskussionen über Judentum oder gar Israel werden in der Öffentlichkeit vermieden. Zahlreiche Mitglieder jüdischer Communitys haben die Kontakte zu Nichtjuden stark eingeschränkt.[26] «Ich kenne viele, die ihre Verbindung zum Rest der Gesellschaft fast vollständig gekappt haben», meint auch Yael Landman, «und bei den wenigen Leuten, mit denen sie noch sprechen, werden politische Themen komplett ausgeblendet.»[27] Für viele europäische Juden ist dies nach dem 7. Oktober die neue Normalität.

Jüdische Gemeinden stoßen unter diesen Bedingungen häufig an ihre Grenzen. Das Bedürfnis nach Sicherheit ist größer denn je, und wenn es nach einigen Gemeindemitgliedern ginge, würde nicht nur jede Synagoge, jüdische Schule und jeder jüdische Kindergarten, sondern auch jedes Geschäft oder Restaurant, das von Juden frequentiert wird, rund um die Uhr geschützt. Doch das ist selbst in Ländern, wo Regierungen den Schutz jüdischen Lebens zur Priorität gemacht haben, nicht möglich. Jüdische Gemeinden müssen deshalb in ihrer Kommunikation und den Maßnahmen, die sie zum Schutz ihrer Mitglieder ergreifen, ständig eine vernünftige Balance finden, bei der Sicherheitsbedürfnisse befriedigt werden, ohne Ängste übermäßig zu befeuern. Die sozialen Medien machen dies nicht unbedingt einfacher. So haben sich seit dem 7. Oktober in vielen jüdischen Gemeinden WhatsApp-Gruppen gebildet, die dazu dienen, sich gegenseitig über aktuelle Gefahren zu informieren. Dies mag auf den ersten Blick sinnvoll erscheinen, kann aber leicht eskalieren. In Wien zum Beispiel postete Anfang des Jahres ein Benutzer ein Foto von einem angeblichen Attentäter, der sich schwer bewaffnet im 2. Bezirk auf der Suche nach Juden befinde. Die Nachricht verbreitete sich wie ein Lauffeuer und führte zur Mobilisierung der Polizei und des gesamten Sicherheitsapparats der jüdischen Gemeinde. Doch kein Attentäter wurde gefunden, und wenige Stunden später stellte sich heraus, dass das Foto bereits älter war, nicht aus Wien, sondern aus Paris stammte und keinen dschihadistischen Attentäter, sondern einen «gewöhnlichen» Einbrecher zeigte.[28]

Wie sehr das jüdische Leben durch die Ereignisse vom 7. Oktober bereits gelitten hat, zeigt in nüchternen Zahlen auch ein «Lagebild» des Zentralrats der Juden in Deutschland, das im Dezember 2023 veröffentlicht wurde. Es beruht auf einer Umfrage unter Führungskräften fast aller jüdischen Gemeinden in Deutschland. Knapp achtzig Prozent der Befragten geben darin an, dass sie um die eigene Sicherheit und die ihrer Kinder fürchten und sich Sorgen um die Perspektive jüdischen Lebens in Deutschland machen. Obwohl fast alle (sechsundneunzig Prozent) die Zusammenarbeit mit Polizei und Sicherheitsbehörden positiv bewerten, halten vierzig Prozent die Sicherheitsmaßnahmen dennoch für unzureichend. Die Folge: Dreiundvierzig Prozent aller jüdischen Gemeinden mussten bereits Veranstaltungen absagen, und in fast siebzig Prozent hat sich die Teilnehmerzahl verringert, weil sich besonders ältere Mitglieder nicht mehr aus dem Haus trauen. Statt mit Partnern in anderen Communitys und der Zivilgesellschaft zusammenzuarbeiten, konzentrieren sich jüdische Gemeinden deshalb wieder verstärkt auf den Ausbau von eigenen Sicherheitsmaßnahmen und interne Gemeindearbeit, zum Beispiel auf Angebote für psychosoziale Hilfe und Fahrdienste für Senioren.[29] Längerfristig leidet unter der aktuellen Situation damit nicht nur das jüdische Gemeindeleben, sondern auch seine Akzeptanz und Integration in der deutschen Gesellschaft.

Es besteht also kein Zweifel, dass jüdisches Leben in Europa durch die Entwicklungen seit dem 7. Oktober Schaden genommen hat und eine neue Terrorwelle – in deren Mittelpunkt Juden und jüdisches Leben stünden – eine ohnehin angespannte Situation um ein Vielfaches intensivieren würde. Gespräche über Auswanderung sind derzeit in allen jüdischen Gemeinden präsent. «Niemand will diese Diskussion», so Landman, «denn wir mögen die Länder, in denen wir leben, und fühlen uns ihnen zugehörig. Aber viele überlegen sich hinter vorgehaltener Hand bereits Alternativen und schauen im Internet nach Häusern und Schulen für ihre Kinder.»[30] Eine ähnliche Antwort gibt auch Gad Fischmann, Sicherheitschef der Israelitischen Kultusgemeinde in Wien. Er ist seit fünf Jahrzehnten in der Gemeinde aktiv und kennt fast jedes Mitglied. Er liebt Österreich und hat keine andere Heimat: «Österreich ist ein tolles Land», sagt er, «wir leben gerne hier und bekommen auch alle Unterstützung, die wir brauchen.» Aber seit einigen Jahren – und besonders seit dem 7. Oktober – wundere er sich, ob dies auch für seine Kinder und Enkel noch so sein werde: «Nach dem Krieg fragten wir uns, ob jüdisches Leben in Österreich *wieder* möglich sein würde. Dann kamen ein paar Jahrzehnte, in denen fast alles perfekt war. Und jetzt fragen sich viele, wie lange jüdisches Leben hier wohl *noch* möglich ist.»[31]

9. Radikalisierung von rechts

Die Bedrohung jüdischen Lebens ist nicht die einzige Gefahr, die von einer neuen dschihadistischen Welle für Europa ausgeht. Eine genauso große Gefahr ist die Radikalisierung von rechts. Hierzu kam es in Großbritannien bereits wenige Wochen nach dem 7. Oktober. Am Rande einer Pro-Palästina-Demonstration in London organisierten etwa tausend Anhänger von Tommy Robinson, dem ehemaligen Anführer der rechtsextremen English Defence League (EDL), einen Aufmarsch – vorgeblich, um ein Weltkriegsdenkmal vor den Demonstranten zu schützen. Robinson hatte in den Tagen zuvor mehrmals Videos gepostet, in denen er die Proteste gegen Israels Militäreinsatz kritisierte und ihre Teilnehmer als Dschihadisten diffamierte. Seine Rhetorik war ein Spiegelbild derer von al-Qaida und dem IS: Wer sich auf die Seite der Muslime stelle, so Robinson, merke nicht, «dass die Christen als Nächstes dran sind».[32] Besonders die Proteste der panislamistischen Gruppe Hizb ut-Tahrir, die die Hamas als «Helden» bezeichnet und offen zum «Dschihad» aufgerufen hatten, waren ihm ein Dorn im Auge. Deren Anhänger seien «wie der IS, nur mit Plakaten», so einer seiner Mitstreiter.[33] Wie erwartet kam es am Rande des Aufmarschs zu Schlägereien; mehr als achtzig Personen wurden verhaftet.

Robinson ist ein verurteilter Gewalttäter, vormaliges Mitglied der rechtsextremen British National Party und wurde in seiner Heimatstadt Luton nahe London als Teil der Hooliganszene bekannt. Vor allem aber ist er ein Pionier der sogenannten Anti-Islam-Bewegung und versteht sich als «Counter-Dschihadist». Die EDL gründete er im Jahr 2009 als «Gegengewicht» zu den Aktivitäten einer salafistischen

Gruppe, die in Luton zu Demonstrationen gegen heimkehrende britische Soldaten aufgerufen hatte. Wann immer Dschihadisten einen Anschlag verübten, war Robinson sofort zur Stelle und mobilisierte seine weißen, mehrheitlich der Arbeiterklasse zugehörigen Anhänger gegen den «radikalen Islam». Der Dschihadismus ist aus seiner Sicht nur die Spitze des Eisbergs: Dahinter stehe «die Ideologie des Islam», deren Strategie es sei, westliche Gesellschaften durch Migration, Demografie, Unterwanderung und – wo notwendig – Gewalt zu unterwerfen. Staatliche Behörden hätten längst die Kontrolle verloren, so Robinson, und deswegen müssten «Patrioten» wie er selbst die Initiative ergreifen. Eine Art Bürgerkrieg ist für ihn kein Schreckensszenario, sondern unvermeidbar und sogar notwendig.[34]

Robinsons EDL war Vorbild für zahlreiche andere Straßenbewegungen, die während der 2010er-Jahren überall in Europa Märsche organisierten – nicht zuletzt die «Patriotischen Europäer gegen die Islamisierung des Abendlandes», kurz Pegida, aus Dresden. Anlass waren meist dschihadistische Terroranschläge oder das Thema Migration (beziehungsweise eine Kombination von beidem). In praktisch allen Fällen richteten sich die Proteste früher oder später gegen «den Islam», der als existenzielle Bedrohung für die europäische Identität dargestellt wurde. In den meisten Ländern galten solche Positionen damals noch als extrem und bekamen wenig Unterstützung aus der Mitte der Gesellschaft. Sogar rechtspopulistische Parteien wie die AfD fanden es notwendig, sich von ihnen zu distanzieren. Obwohl Gruppen wie Pegida zeitweise Zehntausende von Menschen auf die Straßen brachten, hatten sie deshalb innerhalb kurzer Zeit ihren Zenit überschritten.

Wird Europa auch diesmal so glimpflich davonkommen? Mehr als zehn Jahre nach Pegida und Robinsons EDL ist der

Resonanzraum für rechtsextreme Botschaften deutlich größer geworden. Zahlreiche Krisen haben Verunsicherung geschaffen, die wirtschaftliche Lage hat sich verschlechtert, rechtspopulistische und rechtsextreme Parteien sind stärker denn je, und islamfeindliche Positionen, die vor einer Dekade noch als extremistisch galten, sind mittlerweile normalisiert. Eine der Folgen ist, dass sich damit auch die Gefahr durch den rechtsextremistischen Terrorismus wieder erhöht. Wie bereits in der letzten Dekade beobachtbar, kann dies ein rein «reaktionärer» Terrorismus sein, der willkürliche Gewalt gegen Muslime als Vergeltung für dschihadistische Anschläge begreift. Oder er ist Teil einer bewussten Strategie, die Spiralen der Gewalt zu provozieren versucht, um die liberale Demokratie zu zerstören. In beiden Szenarien würde die Polarisierung in europäischen Gesellschaften weiter befeuert.

Krieg gegen den Islam

Eine der wichtigsten Ursachen für diese Entwicklung ist die Normalisierung der Islamfeindlichkeit. Die meisten Rechtspopulisten sehen den dschihadistischen Terrorismus heutzutage wie Pegida, nämlich als Ausdruck eines aggressiven Islam, der sich Europa «unterwerfen» will und deswegen nicht nur als Sicherheitsbedrohung, sondern als Religion bekämpft werden muss. Laut dem französischen Publizisten Guillaume Faye, der zu den wichtigsten Architekten solcher Ideen gehört, begann dieser «Krieg» bereits im achten Jahrhundert, «als muslimische Invasoren zum ersten Mal nach Europa einmarschierten», und dauert «seitdem in verschiedenen Formen an».[35] Migration und Demografie – die er als «Invasion ‹von unten›» beschreibt – seien dabei die wichtigsten «Waffen». Dank offener Grenzen und «unkontrollierter Migration» kämen Millionen Muslime aus Afrika und dem Nahen Osten nach Europa und würden die «autochthone Bevölkerung» nach und nach «ersetzen» – mit dem Ergebnis, dass der Islam bereits innerhalb der nächsten ein oder zwei Generationen zur dominanten Religion werde.[36] Ein weiteres «Einfallstor» seien Politik und Verwaltung, die von Muslimen systematisch «unterwandert» würden, um den Staat und seine Institutionen zu «islamisieren». Doch auch Gewalt spielt laut Faye eine Rolle, speziell in Situationen, in denen sich Menschen dem Prozess der Islamisierung widersetzen würden. Um die Bevölkerung einzuschüchtern, träten dann neben kriminellen Gangs, die in den Vororten großer europäischer Städte bereits die Macht übernommen hätten, vor allem Dschihadisten in Aktion. Al-Qaida und der IS sind aus dieser Perspektive nichts anderes als die «Schocktruppen» des Islam, die mit ihren Anschlägen die «Kolonisierung Europas» vorantreiben.[37]

Was auf den ersten Blick wie eine paranoide Verschwörungserzählung klingt, ist im Laufe der Jahre zum dominanten Narrativ rechtspopulistischer Parteien geworden. Der dschihadistische Terrorismus ist für sie kein Randphänomen mehr, das nur wenige Muslime unterstützen, sondern Teil einer systematischen Kampagne, die einen monolithischen Islam gegen Europa in Stellung bringt und an dem sich die meisten Muslime auf die eine oder andere Weise beteiligen. Die Schlussfolgerungen sind klar: Erstens, der Islam ist mit der westlichen Idee von Europa unvereinbar; zweitens, jeder Muslim, der seine religiöse Identität ernst nimmt, ist suspekt; und drittens, statt nur den Terrorismus zu bekämpfen, muss es darum gehen, «den Islam» und all seine Anhänger aus westlichen Gesellschaften zurückzudrängen. Mit anderen Worten: Die korrekte Antwort auf den angeblichen Krieg des Islam gegen den Westen ist ein westlicher Krieg gegen den Islam – und somit (ironischerweise) genau das, was al-Qaida und der IS dem Westen seit Jahren vorwerfen.

Beispiele für die Popularisierung dieser Thesen gibt es zuhauf. Einer ihrer Pioniere ist der niederländische Politiker Geert Wilders, der nie ein Geheimnis daraus gemacht hat, dass er sich eine allumfassende Bekämpfung des Islam wünscht. Schon während der 2000er-Jahre argumentierte er, dass der Islam keine Religion, sondern eine extremistische Ideologie sei und der Koran als religionsfaschistisches Äquivalent von Hitlers «Mein Kampf» verboten gehöre.[38] Auch die Einwanderung von Muslimen müsse laut Wilders auf null reduziert werden, denn andernfalls würde aus den Niederlanden innerhalb weniger Jahre ein «Nieder-Arabien», und die verbliebenen Christen hätten keine andere Wahl, als sich dem Islam anzuschließen oder sich ihm zu «unterwerfen».[39] Dschihadistischer Terrorismus ist vor diesem Hintergrund keine Perversion, sondern logische Konsequenz eines von Natur aus gewalttätigen Systems. Dass es immer mehr Menschen gibt, die Wilders' Positionen teilen, zeigen nicht zuletzt seine Wahlergebnisse: Nach Jahren, in denen seine «Partei für die Freiheit» bei etwa zehn Prozent lag und am Rande des Parteienspektrums stand, erzielte sie bei den Parlamentswahlen im November 2023 knapp vierundzwanzig Prozent und wurde stärkste Kraft.

Die deutsche AfD hat sich in eine ähnliche Richtung bewegt. In den ersten Jahren ihrer Existenz war die Islamfeindlichkeit weniger ausgeprägt, und lange Zeit bestand ein Unvereinbarkeitsbeschluss mit Pegida. Doch dies begann sich im Zuge der IS-Terrorkampagne und der sogenannten Flüchtlingskrise zu ändern. Immer mehr prominente AfD-Politiker übernahmen Wilders' Prämisse, wonach der Islam keine Religion, sondern eine extremistische Ideologie sei, die sich zum Ziel gesetzt habe, Europa zu kapern. So argumentierte der langjährige Vorsitzende Alexander Gauland, dass islamische Rechtsgrundsätze – die Scharia – mit dem Grundgesetz nicht vereinbar seien und «der verfasste Islam» deshalb dem Christen- oder Judentum nicht gleichgestellt werden könne. Wie er zugab, stützte sich seine Einschätzung hauptsächlich auf den Roman «Unterwerfung» des französischen Schriftstellers Michel Houellebecq. Dieser sei eine «Fiktion mit sehr viel Wahrheitsgehalt für die Zukunft», so Gauland, «[und] das ist unsere Sorge: die schleichende Veränderung einer Gesellschaft, bis nur noch der Islam die Regeln bestimmt».[40]

Mit der schrittweisen Radikalisierung der AfD rückten solche Positionen immer weiter ins Zentrum der Partei. Genauso wie von Faye theoretisiert, sehen viele AfD-Vertreter mittlerweile in allem, was Muslime tun, Teile eines konzertierten Plans, um sich europäische Gesellschaften gefügig zu machen. Neben «Masseneinwanderung», der Unterwanderung von Institutionen und dem dschihadistischen Terrorismus gehören dazu inzwischen auch andere von Muslimen begangene Vergehen und Straftaten, die routinemäßig als Teil einer Unterwerfungsstrategie präsentiert werden.[41] Die Welle des 7. Oktober trifft also auch in Deutschland auf eine ausgeprägte und ideologisch verfestigte Islamfeindlichkeit – und verstärkt damit das Risiko gesellschaftlicher Spaltung.

Bestrafungsfantasien

Daraus folgt zugleich eine steigende Gefahr durch den Rechtsterrorismus. Als David C. Rapoport seine Wellentheorie formulierte (siehe Kapitel 1), spielte dieser nur eine Nebenrolle. Der Grund dafür war, dass Rapoport im Rechtsextremismus eine vorrangig «reaktionäre» Bewegung sah, die zwar auf andere Formen des Terrorismus mit eigenem Terror antwortete, aber zu keiner selbstständigen Wellenbewegung in der Lage war. Hierfür musste er im Laufe der Jahre viel Kritik einstecken,[42] und erst in der letzten, kurz vor seinem Tod veröffentlichten Version seiner Theorie deutete er an, dass eine rechtsextreme Welle nicht nur möglich, sondern wahrscheinlich sei.[43] Seine ursprüngliche Beobachtung ist aber dennoch von Bedeutung. In der Tat lassen sich überall auf der Welt Beispiele für rechten Terrorismus finden, der als Reaktion auf linken oder separatistischen Terror entstand und sich typischerweise als «scharfes Schwert» eines vermeintlich schwachen oder handlungsunfähigen Staates verstanden hat – so etwa in Kolumbien, Italien oder Nordirland.[44] Auch der Dschihadismus hat während der IS-Welle bereits zu «reaktionärem» Terrorismus geführt, und es gibt keinen Grund, weshalb es in einem noch schwierigeren gesellschaftlichen Klima nicht wieder so kommen sollte.

Die Gefahr ist dabei nicht allein auf Anschläge gegen Muslime begrenzt. Wie der Politikwissenschaftler Roger Eatwell bemerkte, kann sich aus «reaktionärer» Gewalt eine Art «kumulativer Extremismus» entwickeln, in dem sich beide Extreme gegenseitig hochschaukeln und so Spiralen der Gewalt entstehen, die im schlimmsten Fall zu bürgerkriegsähnlichen Zuständen führen.[45] Anders ausgedrückt: Wenn auf beiden Seiten die Bereitschaft zur Gewalt besteht und diese von der jeweiligen Führung ermutigt wird, droht eine massive Eskalation.[46] Die Forscherin Julia Ebner hat gezeigt, wie diese Dynamik nicht nur Teufelskreise der Gewalt in Gang setzen kann, sondern Keile in die Gesellschaft treibt und ein politisches Klima befördert, in dem demokratischer Diskurs unmöglich wird.[47]

In Ansätzen war dies bereits während der letzten Welle erkennbar. Der erste Anschlag, der sich als «reaktionärer» Terrorismus interpretieren ließ, fand drei Jahre nach Beginn der IS-Terrorkampagne statt. Am 19. Juni 2017 steuerte der siebenundvierzigjährige Darren Osborne aus Wales einen Lastwagen mit Vollgas in eine Menschenmenge nahe der bekannten Finsbury-Park-Moschee in London und tötete dabei eine Person. Osborne hatte sich damals erst einen Monat lang mit dem Islam beschäftigt und bezog seine Informationen größtenteils aus islamfeindlichen YouTube-Videos (darunter Material von Tommy Robinson).[48] Als der IS genau zu diesem Zeitpunkt einen Anschlag in London verübte, entschied sich Osborne zu handeln. Seinen Freunden im Pub erzählte er, dass er eine Kundgebung angreifen wolle, bei der er den (muslimischen) Bürgermeister von London Sadiq Kahn vermutete. Doch wegen eines Staus auf der Fahrt nach London verpasste er die Gelegenheit, und so wählte er spontan ein anderes Ziel, nämlich die Finsbury-Park-Moschee, die bis Ende der 2000er-Jahre als radikale Moschee galt. Das Einzige, was er während seiner Vernehmung vor Gericht bereute, war, Kahn nicht getötet zu haben: «Das wäre wie ein Sechser im Lotto gewesen», so Osborne.[49]

Weit besser vorbereitet war knapp zwei Jahre später der Australier Brenton Tarrant, der am 15. März 2019 zwei Moscheen im neuseeländischen Christchurch angriff und dabei einundfünfzig Muslime tötete. Tarrant hatte den Anschlag monatelang geplant und ein sechzigseitiges Manifest mit dem Titel «Der große Austausch» geschrieben, das an mehreren Stellen die islamfeindlichen Thesen französischer Intellektueller zitierte.[50] Seine Radikalisierung hatte zwei Jahre zuvor begonnen, als er über mehrere Monate hinweg durch Europa reiste. Offenbar kam er während dieser Zeit auch in Kontakt mit der Identitären Bewegung, einer paneuropäischen rechtsextremen Gruppe, die ihn so überzeugte, dass er ihrem Anführer, dem Österreicher Martin Sellner, später eintausendfünfhundert Euro spendete.[51] Vor allem aber erlebte er die «heiße Phase» des IS-Terrors in Europa, als die Gruppe überall auf dem Kontinent Anschläge verübte. Als besonders schockierend empfand er einen Anschlag in Stockholm, bei dem ein elfjähriges Mädchen zu Tode kam. Laut Tarrants Manifest war dies der Auslöser für den eigenen Anschlag: «Ich konnte die Angriffe nicht länger ignorieren», schrieb er: «Es waren Angriffe auf mein Volk, Angriffe auf meine Kultur, Angriffe auf meinen Glauben und Angriffe auf meine Seele. Sie dürfen nicht ignoriert werden.»[52]

Christchurch macht das Potenzial des «kumulativen Extremismus» sichtbar, denn der Anschlag wurde vom IS bei vielen Gelegenheiten dafür verwendet, zu weiteren Taten anzuregen. Bereits wenige Tage nachdem Tarrant weltweit Schlagzeilen gemacht hatte, meldete sich ein Sprecher der Gruppe und versuchte, das Geschehene für die eigenen Zwecke zu instrumentalisieren. In einer Botschaft an seine Anhänger sagte er: «Das Massaker in den beiden Moscheen sollte ein Weckruf für die Muslime sein. Und für Anhänger des Kalifats ist es ein Aufruf zur Rache.»[53] Was als Vergeltung für Anschläge des IS begann, wurde so zur Motivation für eine Fortsetzung der Gewalt.

Sechs Monate später kam es tatsächlich zu einem weiteren Anschlag – diesmal jedoch wieder von rechts. Am 10. August 2019 stürmte der einundzwanzigjährige Norweger Philip Manshaus eine Moschee nahe Oslo, und obwohl er martialisch gekleidet war und ein Sturmgewehr bei sich hatte, wurde er von zwei Moscheebesuchern sofort niedergerungen und richtete außer einer zerschossenen Glastür wenig Schaden an.[54] Wie bei vorangegangenen Anschlägen zielte die Tat darauf, Muslime «einzuschüchtern» und sie für den Terrorismus des IS zu «bestrafen».[55] Was sie unterschied, war die direkte Bezugnahme auf den Anschlag von Christchurch. Manshaus hatte Tarrants Manifest gelesen und hielt ihn für einen Helden. «Das ist meine Zeit», schrieb er in einem rechtsextremen Onlineforum, «ich wurde von Sankt Tarrant auserwählt.»[56] Auch wenn sein Anschlag fehlschlug (und er dafür von Gleichgesinnten verspottet wurde), zeigt sein Beispiel, wie selbst «reaktionärer» Terrorismus Nachahmer hervorbringen kann.

Akzelerationismus

Bei einer noch gefährlicheren Variante des Rechtsterrorismus steht weder Islamfeindlichkeit noch die «Bestrafung» von Muslimen im Vordergrund, sondern die Zerstörung der liberalen Demokratie. Obwohl ein relativ neues Phänomen, sind die Wurzeln dieser Strategie mindestens ein Jahrhundert alt. Als ihr Erfinder gilt der 1898 geborene italienische Aristokrat, Mystiker und Faschist Julius Evola, der die liberale Demokratie verdammte und sich eine Gesellschaft basierend auf dem indischen Kastensystem wünschte. Einen Kampf gegen die liberale Moderne hielt er für aussichtslos, denn «die Strömung ist zu stark; man würde von ihr überwältigt».[57] Stattdessen schlug er vor, dass man ihr freien Lauf ließ, bis sie sich – früher oder später – selbst zerstöre. So ist auch der Titel eines seiner letzten Bücher, im Original 1961 erschienen, zu verstehen: «Den Tiger reiten» ist eine Aufforderung, die inhärenten Spannungen und Widersprüche der liberalen Moderne zu verstärken, bis diese an sich selbst «ermüden» und Platz für ein neues, hierarchischeres System machen würde.[58]

Die neueste Interpretation dieser Idee nennt sich «Akzelerationismus» und will die destruktiven Kräfte der liberalen Moderne beschleunigen, um diese zugrunde gehen zu lassen. Einer seiner Vorreiter ist der amerikanische Neonazi James Mason, dessen Rundbriefe aus den 1980er-Jahren drei Jahrzehnte später von rechtsextremen Internetforen wiederentdeckt wurden. Masons großes Ziel war der «vollständige Kollaps der amerikanischen Gesellschaft», wobei es ihm gleichgültig war, wie dieser zustande kam oder wer ihn verursachte.[59] Angriffe auf kritische Infrastruktur, wie etwa Wasser- oder Elektrizitätsversorgung, waren seiner Meinung nach genauso «nützlich» wie Angriffe auf den politischen Gegner. Und statt andere Systemfeinde, wie etwa Linksextremisten, zu bekämpfen, sollte man sie ermutigen und ihnen freien Lauf lassen. «Alles, was an dieser Stelle zu Spannung, Chaos und Anarchie beiträgt, kann uns auf Dauer nur helfen», so Mason.[60]

Ab etwa 2015 bildete sich in den Vereinigten Staaten eine Terrorgruppe, die sich «Atomwaffen Division» nannte und Masons Strategie umzusetzen versuchte. Ebenso wie die TikTok-Dschihadisten fanden sich ihre Mitglieder vor allem im Internet und waren oftmals noch Teenager. Im Laufe der Jahre unternahm die Gruppe fünf Morde und eine Reihe von Mordversuchen. Mehrere Sprengstoffanschläge waren in Planung. Und obwohl das FBI ihrem Treiben relativ schnell ein Ende setzte, gelang es der «Atomwaffen Division», Masons akzelerationistische Ideen überall auf der Welt zu verbreiten. In ganz Europa kam es in den darauffolgenden Jahren zu Neugründungen unter Namen wie «Feuerkrieg Division» oder «Sonnenkrieg Division» mit Anhängern in Lettland, Norwegen, den Niederlanden, Belgien und Großbritannien. Auch Stephan Balliet, der Attentäter, der im Oktober 2019 die Synagoge in Halle angriff, verstand sich als Akzelerationist und hatte Propagandamaterial der Gruppe auf seinem Computer.[61]

Doch was hat all das mit dem Dschihadismus zu tun? Ganz einfach: Dschihadistischer Terrorismus ist aus Sicht von Akzelerationisten etwas «Gutes», weil er dazu beiträgt, den Niedergang der liberalen Demokratie zu beschleunigen, und soll ihnen zufolge deshalb nicht gestoppt, sondern ermutigt werden. Ein gutes Beispiel für diesen Ansatz ist die sogenannte Gruppe S., ein rechtsterroristisches Netzwerk, das aus etwa zwei Dutzend Personen bestand und in den Jahren 2019 und 2020 in Deutschland aktiv war. Seine Teilnehmer rekrutierten sich aus unterschiedlichen Szenen – einige waren Neonazis, andere gehörten zu Prepper- oder Reichsbürgernetzwerken – und kommunizierten über eine WhatsApp-Gruppe miteinander. Ihr Anführer und Kopf war Werner S., ein dreiundfünfzigjähriger mehrfach vorbestrafter Restaurator, der von Anfang an klarmachte, dass er keine Lust mehr auf «Schwätzerpatrioten» hatte, sondern endlich Taten sehen wollte.[62] Mehrere Mitglieder der Gruppe verfügten über Waffen und planten, über Kontakte in Tschechien weitere zu besorgen. Das Gewaltpotenzial war hoch, und in Diskussionen in der WhatsApp-Gruppe sowie bei drei Offline-Treffen, die Anfang des Jahres 2020 stattfanden, erwog man sogar Selbstmordanschläge.[63]

Als Anschlagsziele wurden zunächst linke Aktivisten und Politiker ins Auge gefasst, doch relativ schnell richtete sich der Fokus auf Muslime. Natürlich waren Muslime aus der Sicht von Werner S. und seinen Anhängern «Fremdkörper», die nichts in Deutschland zu suchen hatten, und ihre Berücksichtigung als Anschlagsziel bedurfte keiner besonderen Rechtfertigung. Auch ist klar, dass der Anschlag von

Christchurch, der damals nur wenige Monate zurücklag, als Inspiration diente. Aber anders als in Bezug etwa auf die mögliche Zielgruppe «Afrikaner», die ebenfalls diskutiert wurde, versprach man sich bei Muslimen eine besondere Reaktion: Man rechnete damit, dass sie sich wehren würden – nicht zuletzt durch Anschläge dschihadistischer Gruppen wie beispielsweise des IS. Für Werner S. war diese Annahme etwas Positives, denn es bedeutete, dass man durch Angriffe auf Muslime potenziell einen «Dominoeffekt» in Gang setzen konnte, der zu einem Bürgerkrieg führen und damit das gesamte System zum Einsturz bringen würde. Um eine maximale Gegenreaktion hervorzurufen, wollte die Gruppe S. deshalb zehn Moscheen im gesamten Bundesgebiet mit Handgranaten und Gewehren stürmen – idealerweise während des Freitagsgebets, um möglichst viele «betende Muslime» zu treffen und dadurch einen harten Gegenschlag zu provozieren.[64] Kurzum: Im Gegensatz zu den anderen Moscheeangreifern ging es der Gruppe S. nicht nur darum, Muslime zu «bestrafen» oder sich an ihnen zu «rächen», sondern man wollte sie im Sinne der eigenen Strategie instrumentalisieren.

Es versteht sich von selbst, dass nicht alle Horrorszenarien, die in diesem Teil des Buchs beschrieben werden, gleichermaßen wahrscheinlich sind. Es bleibt zu hoffen, dass jüdisches Leben trotz der dschihadistischen Bedrohung weiter gedeihen kann und dass Juden sich zukünftig nicht gezwungen sehen, aus Europa zu fliehen. Rechtspopulisten wird es vermutlich nicht gelingen, den Islam als Religion zu verbieten oder Muslimen das Leben so schwer zu machen, dass sie hierzulande keine Zukunft mehr erkennen können. Und auch die Bürgerkriegsfantasien von Rechtsterroristen wie Werner S. werden hoffentlich nie zur Realität. Doch sie illustrieren, welch enormen gesellschaftlichen Schaden eine neue dschihadistische Welle anrichten könnte, besonders in einem Europa, das gespaltener und in vielerlei Hinsicht fragiler ist als noch vor zehn Jahren. Einfach ausgedrückt: Die neue Terrorwelle bedroht nicht nur die unmittelbaren Anschlagsopfer, sondern auch – und vor allem – die Vielfalt und das friedliche Zusammenleben in einem pluralistischen Europa. Damit es nicht so weit kommt, müssen Europäerinnen und Europäer jetzt handeln.

Was wir jetzt tun müssen

Europa droht eine neue Welle des dschihadistischen Terrorismus. Ihr Kristallisationspunkt sind die Ereignisse vom 7. Oktober 2023, und ihre Hauptbestandteile sind die ambitionierten, teils hochprofessionellen Unterstützer des IS-Ablegers Khorasan (ISPK), die meist sehr jungen, im Internet radikalisierten TikTok-Dschihadisten sowie der iranische Staatsterrorismus und die von ihm gesponserten Organisationen, insbesondere die Hisbollah und die Hamas. Diese Gruppen und Akteure haben zum Teil unterschiedliche Ziele und kämpfen nicht notwendigerweise Seite an Seite. Doch bei jeder von ihnen zeigt die Terrorkurve nach oben: Allein beim salafistischen Dschihadismus hat sich die Zahl der geplanten und durchgeführten Anschläge seit dem 7. Oktober 2023 vervierfacht. Auch wenn es sich dabei größtenteils um «kleinere» Anschläge handelte: Basierend auf vorigen Terrorismuswellen ist der Trend klar – und sehr besorgniserregend.

Die Rede von einer neuen terroristischen Welle ist nicht aus der Luft gegriffen. Sie basiert auf einer Theorie des Historikers David C. Rapoport sowie der sorgfältigen Rekonstruktion vergangener Zyklen des dschihadistischen Terrorismus in Europa. Diese begannen stets mit einem «einschneidenden Ereignis» und führten zu einem Zyklus aus Radikalisierung und Repression, der sich spätestens nach zehn bis zwölf Jahren erschöpfte. Auch diesmal zeichnet sich eine ähnliche Entwicklung ab. Doch bevor dieses Buch mit einer Reihe von Handlungsempfehlungen schließt, sind zunächst die wichtigsten Gründe und Argumente zu diskutieren, die *gegen* dieses Szenario sprechen.

Ein erster möglicher Einwand ist, dass die vorhergehende Welle niemals aufgehört hat. Das stimmt zwar in gewisser Weise, weil es auch in den Jahren unmittelbar vor dem 7. Oktober 2023 Anschläge und dschihadistische Aktivitäten gab. Aber es ist kein Widerspruch, denn jede neue Welle schöpft aus der jeweils vorhergehenden: Weder der IS noch das Internet sind «neu», und auch der Iran ist bereits seit Jahrzehnten ein Terrorismus-Sponsor. Neu sind vielmehr die Qualität und die Frequenz des Terrorismus, den sie hervorbringen: Der ISPK ist nicht identisch mit dem IS der 2010er-Jahre, die TikTok-Dschihadisten radikalisieren sich anders als ihre Vorgänger, und die Revolutionsgarden sind aggressiver als je zuvor. Vor allem nimmt mit ihnen die Anzahl der terroristischen Akte deutlich zu. Laut Europol kam es im Jahr 2020 in Europa zu dreizehn dschihadistischen Anschlägen und Anschlagsplanungen, im Jahr 2021 waren es elf und im Jahr 2022 (dem letzten, für das bei der Drucklegung Zahlen vorhanden waren) nur noch sechs.[65] Verglichen damit sind die siebenundzwanzig Anschläge und Anschlagsversuche, die in den acht Monaten seit dem 7. Oktober 2023 stattfanden (siehe die Erhebung in Tabelle 2, Kapitel 6), ein Quantensprung. Oder auch: der Beginn einer neuen Welle.

Hieran schließt sich ein zweiter Einwand an, nämlich dass Europa im zurückliegenden Jahr bereits mehr Terrorismus hätte sehen müssen. Das ist schon deshalb falsch, weil es de facto in den ersten acht Monaten seit dem 7. Oktober zu einer deutlich höheren Zahl an Anschlägen und Anschlagsversuchen gekommen ist. Obwohl diese Vorfälle keine oder nur wenige Todesopfer forderten, hat der ISPK mehrfach bewiesen, dass er zu «größeren» Anschlägen willens und fähig ist. Der entscheidende Punkt ist, dass solche Anschläge auch bei vorherigen Wellen nicht unmittelbar dem «einschneidenden Ereignis», das sie in Bewegung brachte, gefolgt sind:

Nach dem 11. September 2001 dauerte es zweieinhalb Jahre bis zu den Anschlägen in Madrid; und der erste IS-Anschlag in Europa – der Angriff auf das Jüdische Museum in Brüssel im Mai 2014 – passierte erst drei Jahre nach Ausbruch des Syrien-Konflikts. Sollte sich dieses Muster wiederholen, wäre das eine halbwegs gute Nachricht, denn es würde bedeuten, dass noch Zeit bleibt, um die schlimmsten Auswirkungen der Welle zu verhindern.

Ein dritter Kritikpunkt lautet, dass die im Buch beschriebenen Entwicklungen alle bereits vor dem 7. Oktober im Gange waren und dieses Datum daher irrelevant ist. Das stimmt insofern, als der ISPK schon vor dem 7. Oktober Anschläge in Europa geplant hat und auch die Sicherheitsbehörden zu dieser Zeit schon den Trend hin zu einer stärkeren Online-Radikalisierung von Teenagern beobachteten. Die Annäherung zwischen dem Iran und der Hamas, die zu den Festnahmen am 14. Dezember 2023 führte, ging dem 7. Oktober ebenfalls voraus. Und dennoch hatte der 7. Oktober einen wichtigen Einfluss auf die bevorstehende Welle. Er war Auslöser und Signal für eine massive Mobilisierung, die sich sowohl im Internet als auch auf den Straßen manifestierte. Er war Motivationsschub für Islamisten und Dschihadisten, von denen viele zuvor mit dem Sinn und Zweck ihrer Bewegung gehadert hatten. Er lieferte ein starkes Framing, das sich im Sinne der dschihadistischen Idee eines globalen Religionskrieges instrumentalisieren ließ. Und nicht zuletzt produzierte er mit dem Genozid-Vorwurf eine klare und vermeintlich «defensive» Rechtfertigung für den Einsatz von Gewalt. Kurzum: Der 7. Oktober hat die Welle nicht verursacht, aber er ist ihr wichtigster Beschleuniger.

Häufig ist auch das Argument zu hören, dass sich (salafistische) Dschihadisten gar nicht für den Konflikt um Israel und Palästina interessierten. Doch das ist ein Irrtum.

Aus Sicht salafistischer Dschihadisten ist jeder Ort, der irgendwann einmal von Muslimen regiert wurde, Teil des zukünftigen Kalifats, für das gekämpft werden muss. Palästina hat dabei eine besondere Bedeutung, weil sich dort die drittheiligste Stätte des Islam – Jerusalem – befindet. Besonders Osama bin Laden hat Palästina immer wieder thematisiert, so etwa in seinem «Brief an Amerika» aus dem Jahr 2002, der nach dem 7. Oktober millionenfach auf TikTok geteilt wurde.[66] Der Grund, weshalb salafistische Dschihadisten beim Thema Palästina manchmal zögern, ist die Tatsache, dass sie selbst vor Ort kaum präsent sind. Anders ausgedrückt: Ihr Problem ist nicht Palästina, sondern es ist die Hamas.

Ein letzter Einwand gegen die Annahme einer bevorstehenden Terrorismuswelle lautet, dass die westliche Terrorismusabwehr nach über zwanzig Jahren des «Kriegs gegen den Terror» so gut funktioniere, dass es Dschihadisten überhaupt nicht mehr möglich sei, in Europa dauerhafte Strukturen zu etablieren.[67] Bis zu einem gewissen Grad mag das richtig sein, und speziell im Zuge der Syrien-Welle waren die Sicherheitsbehörden ab etwa 2017 so effektiv, dass dem IS praktisch kein großer Anschlag mehr gelang. Doch Terrorismusbekämpfung ist stets eine Art Wettlauf, und schon heute wird deutlich, dass die Dschihadisten den Sicherheitsbehörden momentan wieder ein Stück weit voraus sind: Sie haben sich an die neue Situation angepasst, sind noch stärker ins Internet ausgewichen und bauen völlig neue Strukturen auf. Die Frage ist nicht, ob europäische Sicherheitsbehörden diese Herausforderungen irgendwann in den Griff bekommen. Die Frage ist, wie lange dies dauern wird – und wie viel Schaden die Terroristen in der Zwischenzeit anrichten können.

Womit die Skeptiker zweifellos recht haben, ist das Argument, dass eine neue Terrorwelle nicht unvermeidbar ist. Es gibt keinen Automatismus, wonach die bevorstehende Welle so viele Anschläge produzieren oder so lange dauern muss wie die vorigen. Die Geschichte offenbart zwar Muster, aber sie wiederholt sich niemals genau. Das Wissen um die Dynamik von vergangenen Terrorwellen sollte jedoch dazu beitragen, unsere Aufmerksamkeit für die kommenden Herausforderungen zu schulen. Und tatsächlich: Wenn es stimmt, dass vom Anfang bis zum Höhepunkt einer Welle in aller Regel zwei bis drei Jahre vergehen, dann besteht noch eine gute Chance, die Welle zu brechen, bevor sie weiter an Fahrt aufnimmt. Genau das ist der Grund und die Motivation für dieses Buch.

Natürlich gibt es keine «Wunderwaffe», mit der die Gefahr durch den dschihadistischen Terrorismus schlagartig reduziert werden könnte. Ein realistisches Ziel lautet, Schlüsse aus den vergangenen Wellen zu ziehen und die Fehler von damals zu vermeiden. Die erste Lehre in diesem Zusammenhang ist, dass man nicht auf den «großen Anschlag» warten sollte, um das Notwendige zu tun. Bislang war es häufig so, dass erst etwas «Schlimmes» passieren musste, damit Terrorismusbekämpfung für Staat und Politik zur Priorität wurde. Die Entscheidungen, die dann erfolgten, waren oft von Panik getrieben, und in einigen Fällen vergrößerten die aus ihnen resultierenden Maßnahmen das Problem, anstatt es zu reduzieren. Die aktuelle Situation bietet die Möglichkeit, eine differenzierte und auf die Gefahr zugeschnittene Antwort zu formulieren, ohne den Terroristen dabei in die Hände zu spielen. Konkret heißt das: eine Strategie, die Terrorismus bekämpft und Anschläge verhindert, ohne die gesellschaftliche Spaltung zu befördern. Hierbei könnten die folgenden fünf Grundsätze hilfreich sein.

Der erste Grundsatz lautet: *ausgewogene Priorisierung.* In der Vergangenheit wurde die Terrorismusgefahr häufig für politische Zwecke instrumentalisiert. Was als «größte Bedrohung» galt, orientierte sich weniger an objektiven Maßstäben als an den eigenen politischen Präferenzen. Tatsache ist: Die Bedrohung durch den Dschihadismus ist nach einigen Jahren der relativen Ruhe wieder zur größten Herausforderung geworden, und dies sollte sich im Handeln von Politik und Behörden widerspiegeln. Gleichzeitig gilt, dass sowohl Islamismus als auch Rechtsextremismus *langfristig* die zwei stärksten extremistischen Bedrohungen für die liberale Demokratie sind und Sicherheitsbehörden so aufgestellt sein müssen, dass sie *beide* – wenn notwendig zur selben Zeit – in den Griff bekommen. Gerade vor dem Hintergrund des «kumulativen Extremismus» wäre es deshalb ein Fehler, den Rechtsextremismus als entgegengesetztes – oder gar konkurrierendes – Problem zu begreifen. Ausgewogene Priorisierung bedeutet: ein klarer Fokus auf die größte Bedrohung, ohne dabei andere Gefahren und Phänomenbereiche außer Acht zu lassen.

Ein zweiter Grundsatz ist *gezielte Repression.* Die gravierendsten Fehler bei der Terrorismusbekämpfung passieren meist, wenn Politiker nach Anschlägen vermeintlich «starke» Maßnahmen aus dem Hut zaubern, die aber wenig erreichen und im schlimmsten Fall zur Radikalisierung beitragen. Dass ein liberaler Staat terroristische Bedrohungen nicht unterschätzen darf und klare Kante zeigen muss, wenn es um politisch motivierte Gewalt geht, steht außer Frage. Doch Repression sollte stets gezielt und lösungsorientiert sein. Dies heißt, dass man für komplexe Probleme eine Reihe verschiedener Ansätze entwickelt. Beim ISPK können dies Abschiebungen und eine strengere Kontrolle bei Einreisen sein. Im Falle des Iran geht es um politischen

Druck und eine Terrorlistung der Revolutionsgarden beziehungsweise um Vereinsverbote im Umfeld von Hamas oder Hisbollah. Und im Bereich soziale Medien ist die beste Mischung eine aus Kooperation, Sanktionen und dem stärkeren Einsatz von sogenannten «virtuellen Agenten», mit deren Hilfe Sicherheitsbehörden geschlossene Chaträume infiltrieren. Keine dieser Maßnahmen ist einzeln betrachtet «spektakulär», doch zusammengenommen – und als Teil einer kohärenten Strategie – tragen sie wahrscheinlich mehr zur Reduzierung der bevorstehenden Welle bei als jeder politische Schnellschuss.

Beim dritten Grundsatz geht es um *geduldige Prävention*. Dass Präventionsarbeit – speziell die Deradikalisierung von Hochrisikopersonen – einen wichtigen Beitrag zur Terrorismusbekämpfung leistet, ist mittlerweile bewiesen und weithin akzeptiert. Wenn sie langfristig wirken soll, muss sie jedoch breiter aufgestellt sein als aktuell und darf nicht erst anfangen, wenn das Kind bereits in den Brunnen gefallen ist. Genauso wie die Sicherheitsbehörden brauchen effektive Präventionsanbieter langfristige Förderung, die auch dann zur Verfügung steht, wenn sich eine Weile lang kein Anschlag ereignet. Gleichzeitig müssen Präventionsangebote schneller auf neue Herausforderungen reagieren, wie zum Beispiel die Radikalisierung von Minderjährigen oder Flüchtlingen. Und sie brauchen neue, kreative Ansätze, was die Arbeit im Internet und in den sozialen Medien betrifft. Prävention beinhaltet allerdings auch, dass Politik und Gesellschaft noch größere Anstrengungen unternehmen, um islamische und europäische Identitäten miteinander zu versöhnen. Dazu gehört beispielsweise die stärkere Ausbildung von Imamen in Europa, aber insbesondere auch gegenseitige Akzeptanz: Wer von Muslimen ständig einen «europäischen Islam» fordert, kann nicht im selben Atemzug sagen, der Islam gehöre nicht zu Europa.

Der vierte Grundsatz: *Es ist besser, Konflikte zu lösen, als neue zu eröffnen.* Was wie eine Selbstverständlichkeit klingt, ist in Wirklichkeit eine der zentralen Lektionen aus dem «Krieg gegen den Terror». Mit Ausnahme der amerikanischen Militärkampagne gegen den IS hat keine der Militärinterventionen, die mit dem Kampf gegen den Terrorismus begründet wurden, langfristig zum Erfolg geführt. Die Intervention in Afghanistan brachte nicht nur die Taliban zurück an die Macht, sondern endete mit einem katastrophalen Rückzug, der die Entstehung des ISPK begünstigte. Und mit der Irak-Invasion im Jahr 2003 gewann die Welle des 11. September sogar erst richtig an Fahrt. Statt sich im Namen der Terrorbekämpfung in außenpolitischen «Abenteuern» zu verzetteln, sollten der Westen und Europa lieber daran arbeiten, kriegerische Auseinandersetzungen zu verhindern oder sie zu beenden. Speziell Bürgerkriege sind die größten «Produzenten» von Terrorismus,[68] und ihr Rückgang hätte deshalb auch einen positiven Effekt auf die Bedrohungslage in Europa. Dies gilt natürlich in besonderem Maße für den Nahostkonflikt, wo sich Europa trotz aller Probleme und Widerstände für eine Zwei-Staaten-Lösung starkmachen sollte.

Der vielleicht wichtigste Grundsatz richtet sich nicht nur an die Politik, sondern an die Gesellschaft insgesamt. Er lautet: *Reagieren, aber nicht überreagieren.* Ein robustes Handeln ist notwendig, weil die bevorstehende Terrorwelle Leib und Leben bedroht, aber vor allem auch, weil sie das friedliche Zusammenleben in einem pluralistischen Europa infrage stellt. Wenn Dschihadisten Juden oder jüdisches Leben in Europa angreifen, bedeutet dies nicht weniger als einen Angriff auf uns alle. Und wenn Rechtsextremisten den dschihadistischen Terror dazu nutzen, um Vorstellungen von einem ethnisch und religiös homogenen «Volkskörper» zu propagieren, schaden sie damit nicht nur friedfertigen Muslimen, sondern der Idee eines liberalen Europas.

Genau deshalb müssen wir jedoch aufpassen, dass die Reaktion auf den dschihadistischen Terrorismus die Spaltung und Polarisierung – die die Dschihadisten ja letztlich bezwecken – nicht auch noch befördert. Wenn Politiker Menschen im Namen der Terrorismusbekämpfung gegeneinander ausspielen oder ganze Bevölkerungsgruppen unter Generalverdacht stellen, dann hilft das der Terrorismusbekämpfung nicht, sondern es schadet ihr. Vor allem aber zerstört es das, was wir eigentlich bewahren wollen, nämlich die Idee eines Europas, in dem Menschen unterschiedlicher Herkunft und Religion gleichberechtigt in Frieden und Freiheit zusammenleben können. Dem Terror der Dschihadisten Einhalt zu gebieten, ohne den gesellschaftlichen Zusammenhalt zerbrechen zu lassen – das ist die wichtigste und wahrscheinlich schwierigste Herausforderung, die Europa in den nächsten Jahren bevorsteht.

Dank

Bei der Arbeit an diesem Buch haben mich zahlreiche Personen und Institutionen unterstützt. Mein Dank gebührt zunächst dem «Institute for Freedom of Faith and Security» (IFFSE) und der Europäischen Rabbinerkonferenz (CER), mit denen ich seit Jahren zusammenarbeite und deren Fokus auf Religionsfreiheit und die Sicherheit religiöser Minderheiten einen wichtigen Beitrag zu einem pluralistischen Europa leistet. Das IFFSE und sein Generalsekretär Gady Gronich haben zu diesem Buch zahlreiche Ideen und Kontakte beigesteuert. Ebenso wichtig war Alfirraz Scheers, mein Forschungsassistent am King's College London, der viele der Daten und Fakten, die in dem Buch enthalten sind, zusammengetragen hat. Unterstützung in der Sache leisteten auch meine langjährigen Kollegen und Freunde Aymenn al-Tamimi, Mina al-Lami, Ruben Gerczikow, Daniel Glaus, Laurence Bindner und Michael Thaidigsmann. Die Idee für das Buch entstand während einer Diskussion mit meinem langjährigen Literaturagenten Günter Berg. Für die hervorragende Umsetzung danke ich Gunnar Schmidt, Sebastian Wilde und Sandra Schnädelbach bei Rowohlt Berlin. Meine Partnerin Zora stand mir während des gesamten, gelegentlich anstrengenden Prozesses mit Liebe, gutem Rat und – wo nötig – konstruktiver Kritik zur Seite.

Einen unentbehrlichen Beitrag zu diesem Buch leisteten auch knapp fünfzig Gesprächspartner in einem halben Dutzend europäischer Länder, die nicht nur geduldig meine Fragen beantworteten, sondern mir auch die Gelegenheit boten, meine Ideen auszuprobieren. Zu denen, die namentlich genannt werden können, zählen Jenna Behrends, Eran Benedek, Claudia Dantschke, Florian Endres, Gad Fleischmann, Marc Goldberg, Oberrabbiner Pinchas Goldschmidt, Marc Hecker, Behnam Heidenreuther, Omar Hijawi-Pirchner, Leonard Kaminski, Felix Klein, Sven Kurenbach, Yael Landman, Hartmut Licht, Bianca Loy, Hans van Miert, Danny Morris, Holger Münch, Ariel Muzicant, Benjamin Nägele, Herbert Reul, David Rich, Alejandra Ruvinsky, Benjamin Steinitz, Thomas Stute, Gert Vercauteren und Heiko Werner. Hinzu kommen Vertreter zahlreicher Sicherheitsbehörden, die nicht namentlich genannt werden wollen, darunter von dem britischen Außenministerium, dem niederländischen Büro des Anti-Terrorismus-Koordinators, dem deutschen Bundeskriminalamt, der österreichischen Direktion Staatsschutz und Nachrichtendienst, dem Generalstaatsanwalt der Niederlande, der belgischen Koordinationseinheit zur Gefahrenanalyse (OCAD), der französischen Koordinationseinheit zur Terrorismusabwehr (UCLAT), dem Landeskriminalamt des Landes Nordrhein-Westfalen, dem Nachrichten- und Sicherheitsdienst der Niederlande (AIVD) und dem Verfassungsschutz des Landes Nordrhein-Westfalen.

Natürlich gilt, dass ich allein für den Inhalt des Buches, seine Schlussfolgerungen und alle etwaigen Fehler verantwortlich bin.

ANMERKUNGEN

Ziffern in Klammern beziehen sich auf die Quellenvermerke der Tabellen.

Einleitung

1 Für diesen Prozess wurde beim «Research Ethics Office» des King's College London eine *Ethics Clearance* eingeholt. Der Projekttitel lautet «Terrorism Risk after Events of 7 October 2023»; die Referenznummer ist MRA-23/24-42169.

Teil I – Dschihadistische Wellen

1 David C. Rapoport, «The Four Waves of Rebel Terrorism and September 11», *Anthropoetics*, 8 (1) (2002); https://anthropoetics.ucla.edu/ap0801/terror. Siehe auch David C. Rapoport, «The Four Waves of Modern Terrorism» in Audrey Cronin und J. Ludes (Hg.), *Attacking Terrorism. Elements of a Grand Strategy* (Washington, DC, 2004), S. 46–73.

2 David C. Rapoport, *Waves of Global Terrorism: From 1879 to the Present* (New York 2022), S. 269–306.

3 Tom Parker und Nick Sitter, «The Four Horsemen of Terrorism: It's Not Waves, It's Strains», *Terrorism and Political Violence*, 28 (2016), S. 197–216. Siehe auch Jeffrey Kaplan, «A Strained Criticism of Wave Theory», *Terrorism and Political Violence*, 28 (2016), S. 228–235; Charles Townshend, «Wave and Strain», *Terrorism and Political Violence*, 28 (2016), S. 225–227.

4 Zur Debatte über den Begriff Islamismus siehe Shiraz Maher und Joanna Cook, «Introduction», in Shiraz Maher und Joanna Cook (Hg.), *The Rule Is for None But Allah: Islamist Approaches to Governance* (London 2023), S. 1–34.

5 Siehe Shiraz Maher, *Salafi-Jihadism. The History of an Idea* (New York 2016), S. 31–41.

6 Der Einfachheit halber werden in diesem Kapitel nur arabische Traditionen behandelt. Für einen Überblick über südasiatische Strömungen siehe Husain Haqqani, «The Ideologies of South Asian Jihadi Groups», *Current Trends in Islamist Ideology*, 1 (2005), S. 12–26.

7 Siehe Peter R. Neumann, *Die neuen Dschihadisten* (Berlin 2015), S. 50f.

8 Siehe Guido Steinberg, «Wer sind die Salafisten?», *SWP Aktuell*, Mai 2012; https://www.swp-berlin.org/publications/products/aktuell/2012A28_sbg.pdf.

9 Siehe Thomas Hegghammer, «Jihadi-Salafis or Revolutionaries? On Religion and Politics in the Study of Militant Islamism», in Roel Meijer (Hg.), *Global Salafism: Islam's New Religious Movement* (London 2009), S. 253–256. Siehe auch Thomas Hegghammer, *Jihad in Saudi Arabia: Violence and Pan-Islamism since 1979* (Cambridge 2010), S. 84; Quintan

Wiktorowicz, «Anatomy of the Salafi Movement», *Studies in Conflict and Terrorism*, 29 (3) (2006), S. 207–239.

10 Siehe Gilles Kepel, *Jihad. The Trail of Political Islam* (London 2002), S. 36–42.

11 Darioush Bayandor, *The Shah, the Islamic Revolution and the United States* (New York 2019), S. 109–117.

12 Siehe Guido Steinberg, *Der nahe und der ferne Feind. Die Netzwerke des islamistischen Terrorismus* (München 2005), S. 31. Siehe auch Fred Halliday, «The Iranian Revolution», *Political Studies*, 30 (3) (1982), S. 437.

13 Kepel, *Jihad*, S. 300.

14 Neumann, *Die neuen Dschihadisten*, S. 57–59.

15 Siehe David Malet, *Foreign Fighters. Transnational Identity in Civil Conflicts* (Oxford 2013), S. 172–180.

16 Siehe Neumann, *Die neuen Dschihadisten*, S. 60–62.

17 Durch eine Resolution der UN-Generalversammlung wurde die PLO als Vertreter des palästinensischen Volkes anerkannt und ihr Beobachterstatus bei den Vereinten Nationen gewährt. Siehe «Observer Status for the Palestine Liberation Organization», *UNGA*, Resolution 3236 (XXIX), 22. November 1974; https://digitallibrary.un.org/record/189836?ln=en&v=pdf.

18 «The Covenant of the Islamic Resistance Movement», *Hamas*, 18. August 1988; https://avalon.law.yale.edu/20th_century/hamas.asp.

19 Siehe Lawrence Wright, *The Looming Tower. Al-Qaeda's Road to 9/11* (New York 2007), Kapitel 6.

20 «The 9/11 Commission Report», *National Commission on Terrorist Attacks*, Juli 2004, S. 109; https://www.9-11commission.gov/report/911Report.pdf.

21 Wright, *The Looming Tower*, Kapitel 6.

22 Kleinere Kontingente kämpften auch in Tadschikistan, Kaschmir, den Philippinen und Somalia. Siehe Thomas Hegghammer, «The Rise of Muslim Foreign Fighters: Islam and the Globalization of Jihad», *International Security*, 35 (3) (2010), S. 61.

23 Gerhard Conrad, zitiert nach Peter R. Neumann, *Die neue Weltunordnung* (Berlin 2022), S. 82.

24 Siehe Kepel, Jihad, S. 299–301; Olivier Roy, *The Failure of Political Islam* (Cambridge 1994).

25 Siehe Fawaz A. Gerges, *The Far Enemy: Why Jihad Went Global* (Cambridge 2005).

26 Jytte Klausen, *Western Jihadism. A Thirty Year History* (Oxford 2021), S. 74–104, 150–156.

27 Siehe Osama bin Laden, «Declaration of Jihad against the Americans Occupying the Land of the Two Holiest Sites», August 1996; https://ctc.westpoint.edu/harmony-program/declaration-of-jihad-against-the-americans-occupying-the-land-of-the-two-holiest-sites-original-language-2/. Siehe auch «Jihad against Jews and Crusaders»,

World Islamic Front, 23. Februar 1998; https://irp.fas.org/world/para/docs/980223-fatwa.htm.

28 Burke, *Al-Qaeda. The True Story of Radical Islam* (London 2003), S. 198–216.
29 «The 9/11 Commission Report», *National Commission*, S. 149.
30 Neumann, *Die neue Weltunordnung*, S. 84.
31 Zitiert nach ebd., S. 85.
32 Zitiert nach ebd., S. 89.
33 Petter Nesser, *Islamist Terrorism in Europe* (London 2015), S. 88 f.
34 Siehe Peter Bergen, *The Osama bin Laden I Know* (New York 2006), Kapitel 9.
35 Siehe Nesser, *Islamist Terrorism*, Kapitel 4.
36 Siehe Bergen, *The Osama*, Kapitel 10.
37 Zitiert nach Neumann, *Die neue Weltunordnung*, S. 103.
38 Siehe ebd., Kapitel 7.
39 Eliza Manningam-Buller, zitiert nach «Oral Evidence», *The Iraq Inquiry*, 20. Juli 2010; https://webarchive.nationalarchives.gov.uk/ukgwa/20160512093938/http://www.iraqinquiry.org.uk/transcripts/oralevidence-bydate/100720.aspx.
40 Interview mit Guido Steinberg, April 2021.
41 Interview mit Jonathan Evans, April 2021.
42 Siehe Nesser, *Islamist Terrorism*, S. 134.
43 Petter Nesser, «Military Interventions, Jihadi Networks, and Terrorist Entrepreneurs: how the Islamic State Terror Wave Rose So High in Europe», *CTC Sentinel*, 12 (3) (2019); https://ctc.westpoint.edu/military-interventions-jihadi-networks-terrorist-entrepreneurs-islamic-state-terror-wave-rose-high-europe.
44 Siehe Peter R. Neumann, *Old and New Terrorism* (Cambridge 2009), S. 140.
45 Siehe Nesser, *Islamist Terrorism*, 137–148.
46 Ebd., S. 181–190.
47 Zitiert nach «London bomber: text in full», *BBC News*, 1. September 2005; http://news.bbc.co.uk/2/hi/uk_news/4206800.stm.
48 Zitiert nach Nesser, *Islamist Terrorism*, S. 161.
49 Ebd., S. 148–162.
50 Siehe Myriam Benraad, «Iraq's Tribal ‹Sahwa›: Its Rise and Fall», *Middle East Policy*, 28 (1) (2011), S. 121–131.
51 Zitiert nach Lawrence Wright, «The Rebellion Within», *The New Yorker*, 23. Mai 2008; https://www.newyorker.com/magazine/2008/06/02/the-rebellion-within.
52 Siehe Neumann, *Old and New*, S. 134.
53 Siehe ebd.
54 Siehe Peter Bergen und Katherine Tiedemann, «Washington's Phantom War: The Effects of the U. S. Drone Program in Pakistan», *Foreign Affairs*, 90 (4) (2011), S. 12–18.
55 Siehe Neumann, *Die neuen Dschihadisten*, S. 67f.

56 Peter Bergen, zitiert nach ebd., S. 10.
57 Leon Panetta, zitiert nach ebd.
58 Fawaz Gerges, *The Rise and Fall of al-Qaeda* (Oxford 2011), S. 3.
59 Zitiert nach Neumann, *Die neue Weltunordnung*, S. 148.
60 Assad, zitiert nach ebd., S. 174.
61 Ebd., S. 174f.
62 Zitiert nach ebd., S. 175.
63 Siehe ebd.
64 «Countrywide Conflict Report #1», *Carter Center*, 20. August 2013; https://www.cartercenter.org/resources/pdfs/peace/conflict_resolution/syria-conflict/nationwidereport-aug-20-2013.pdf.
65 Für eine Übersicht siehe Neumann, *Die neuen Dschihadisten*, S. 208–213.
66 Siehe J. M. Berger und Jonathon Morgan, «The ISIS Twitter Census: Defining and describing the population of ISIS supporters on Twitter», *Brookings Institution*, März 2015; https://www.brookings.edu/wp-content/uploads/2016/06/isis_twitter_census_berger_morgan.pdf.
67 Hierfür gab es mit dem Buch «Management der Barbarei» von Abu Bakr Naji eine ideologische Vorlage, die vom IS beziehungsweise seinen Vorgängern regelmäßig zitiert wurde. Siehe Neumann, *Die neuen Dschihadisten*, S. 86f.
68 Siehe Klausen, *Western Jihadism*, 398–426.
69 Siehe Peter R. Neumann, Rajan Basra und Claudia Brunner, *Criminal Pasts, Terrorist Futures: European Jihadists and the New Crime-Terror Nexus* (London 2016), S. 7; https://icsr.info/wp-content/uploads/2016/10/ICSR-Report-Criminal-Pasts-Terrorist-Futures-European-Jihadists-and-the-New-Crime-Terror-Nexus.pdf.
70 Siehe Edwin Bakker und Seran de Leede, «European Female Jihadists in Syria: Exploring an Under-Researched Topic», *ICCT Background Note*, April 2015; https://www.icct.nl/publication/european-female-jihadists-syria-exploring-under-researched-topic.
71 Petter Nesser, «Introducing the Jihadi Plots in Europe Dataset (JPED)», *Journal of Peace Research*, 61 (2) (2024), S. 317–329.
72 Siehe «Mehdi Nemmouche and the Brussels Jewish Museum Attack», *Community Security Trust*, April 2019, S. 12; https://cst.org.uk/data/file/9/9/FINAL%20Mehdi%20Nemmouche%20Web.1615560037.pdf.
73 Zwei der Attentäter waren Irakis, vier waren über die Flüchtlingsroute nach Europa eingereist. Siehe Anthony Faiola und Souad Mekhennet, «Tracing the Path of Four Terrorists Sent to Europe by Islamic State», *Washington Post*, 22. April 2016; https://www.washingtonpost.com/world/national-security/how-europes-migrant-crisis-became-an-opportunity-for-isis/2016/04/21/ec8a7231-062d-4185-bb27-cc7295d35415_story.html.
74 Zitiert nach Mariano Castillo und Paul Cruickshank, «Who was Abdelhamid Abaaoud, suspected ringleader of the Paris attacks?», *CNN*, 19. November

2015; https://edition.cnn.com/2015/11/16/europe/paris-terror-attack-mastermind-abdelhamid-abaaoud/index.html.

75 Wie bei vielen Einzeltätern zu dieser Zeit kommunizierte Amri mit höherrangigen Mitgliedern des IS und erhielt von diesen auch Anweisungen, in Amris Fall aus Libyen; siehe Georg Heil, «The Berlin Attack and the ‹Abu Walaa› Islamic State Recruitment Network», *CTC Sentinel*, 10 (2) (2017); https://ctc.westpoint.edu/the-berlin-attack-and-the-abu-walaa-islamic-state-recruitment-network.

76 Siehe «Abschlussbericht des Sonderbeauftragten des Senats für die Aufklärung des Handelns der Berliner Behörden im Fall Amri», *Land Berlin*, 10. Oktober 2017, S. 41; https://www.berlin.de/sen/inneres/presse/weitere-informationen/artikel.638875.php.

77 Siehe Peter R. Neumann, *Bluster: Donald Trump's War on Terror* (New York 2019), Kapitel 6.

78 «EU Terrorism Situation and Trend Report», *Europol*, 2013, S. 16; https://www.europol.europa.eu/cms/sites/default/files/documents/europol_te-sat2013_lr_0.pdf.

Teil II – Die Welle des 7. Oktober

1 «National Security Strategy», *White House*, Oktober 2022; https://www.whitehouse.gov/wp-content/uploads/2022/10/Biden-Harris-Administrations-National-Security-Strategy-10.2022.pdf.

2 «Integrated Review Refresh 2023», *Cabinet Office*, März 2023; https://www.gov.uk/government/publications/integrated-review-refresh-2023-responding-to-a-more-contested-and-volatile-world/integrated-review-refresh-2023-responding-to-a-more-contested-and-volatile-world.

3 «Integrierte Sicherheit für Deutschland: Nationale Sicherheitsstrategie», *Die Bundesregierung*, Juni 2023; https://www.bmvg.de/resource/blob/5636374/38287252c5442b786ac5d0036ebb237b/nationale-sicherheitsstrategie-data.pdf.

4 Siehe Colin Clarke, «Twenty Years after 9/11: What Is the Future of the Global Jihadi Movement?», *CTC Sentinel*, 14 (7) (2021); https://ctc.westpoint.edu/twenty-years-after-9-11-what-is-the-future-of-the-global-jihadi-movement.

5 Gespräch mit Claudia Dantschke, April 2024.

6 Die von der Gesundheitsbehörde im Gazastreifen gemeldeten Opferzahlen (bei Drucklegung: 39 000) sind umstritten, da diese von der Hamas geleitet wird. Dennoch werden die Zahlen von fast allen internationalen Akteuren, darunter westliche Regierungen wie zum Beispiel die der USA, mangels anderer (oder eigener) Erkenntnisse verwendet. Siehe Isabel Debre, «What is Gaza's Ministry of Heath, and How Does It Calculate the War's Death

Toll», *Associated Press*, 6. November 2023; https://apnews.com/article/israel-hamas-war-gaza-health-ministry-health-death-toll-59470820308b31f1faf73c703400b033.

7 Der Nahost- und Islamforscher Gilles Kepel hat den Ausdruck «Jihadisme d'atmosphère», also eines «Dschihadismus der Atmosphäre», geprägt, aus dem sich seiner Meinung nach Radikalisierung und Terrorismus speisen. Siehe «‹Jihadisme d'atmosphère› – d'où vient cette formule reprise par Gérald Darmanin?», *France Info*, 24. Oktober 2023; https://www.francetvinfo.fr/france/jihadistes-francais/jihadisme-d-atmosphere-d-ou-vient-cette-formule-reprise-par-gerald-darmanin_6140253.html.

8 Vieles an diesen Theorien ist falsch, verzerrt oder zumindest kontrovers. Unterstützer Israels argumentieren, dass Israel kein «koloniales Projekt» war, wie von Antiimperialisten behauptet, sondern im Kampf *gegen* die Kolonialmacht Großbritannien entstanden ist. Auch ist die jüdische Bevölkerung Israels nicht «weiß» oder europäisch, sondern besteht (mittlerweile) in der Mehrheit aus Juden mit nordafrikanischen, nahöstlichen und iranischen Wurzeln. Und obwohl es richtig ist, dass Araber in Israel nach wie vor institutionalisierter Diskriminierung ausgesetzt sind, beschreibt dies vor allem die Situation in den seit 1967 besetzten Gebieten. Im israelischen Kernland haben arabische Israelis prinzipiell die gleichen Rechte wie Juden, können an Wahlen teilnehmen, sind im Parlament und in Regierungen vertreten und stellen sogar Verfassungsrichter. Schon allein deshalb, so meinen Unterstützer Israels, ist die Gleichsetzung mit dem Apartheidsystem in Südafrika falsch. Für einen populären, aber ausgewogenen Überblick siehe Richard C. Schneider, *Die Sache mit Israel: Fünf Fragen zu einem komplizierten Land* (Hamburg 2023).

9 Zitiert nach «Philosophin Judith Butler sieht 7. Oktober als ‹Akt des bewaffneten Widerstands›», *Spiegel Online*, 6. März 2024; https://www.spiegel.de/kultur/hamas-attacke-auf-israel-philosophin-judith-butler-sieht-7-oktober-als-akt-des-bewaffneten-widerstands-a-83e8d59a-5f89-42f6-b322-1cad36df62c9.

10 Siehe Petra Marquardt-Bigman, «Defending Judith Butler in the Ivory Tower», *The Algemeiner*, 7. September 2012; https://www.algemeiner.com/2012/09/07/defending-judith-butler-in-the-ivory-tower.

11 Für Beispiele siehe «Der Terrorangriff der HAMAS und die Folgen hierzulande – erste Reaktionen extremistischer Szenen auch in Baden-Württemberg», *Verfassungsschutz Baden-Württemberg*, 31. Oktober 2023; https://www.verfassungsschutz-bw.de/,Lde/Der+Terrorangriff+der+HAMAS+auf+Israel+und+die+Folgen+hierzulande+_+erste+Reaktionen+extremistischer+Szenen+auch+in+Baden-Wuerttemberg.

12 Siehe Guido Steinberg, «Die Muslimbruderschaft und die Hamas», *SWP-Aktuell*, 18. Dezember 2023.

13 Siehe Sigrid Herrmann, «IUMS-Mitglieder in Deutschland nur im Hin-

tergrund», *Islamismus und Gesellschaft,* 22. August 2023; https://vunv1863.wordpress.com/2023/08/22/iums-mitglieder-in-deutschland-nur-im-hintergrund.

14 Zitiert nach Aaron Y. Zelin, «Survey of Islamic and Islamist Responses to the Hamas Attacks», *Washington Institute,* Oktober 2023; https://www.washingtoninstitute.org/sites/default/files/pdf/zelin-islamist-responses-hamas-attack-Oct2023.pdf.

15 Für ein Beispiel aus Großbritannien siehe «We are Pro-Democracy and Anti-Genocide», *The Muslim Vote,* undatiert; https://themuslimvote.co.uk.

16 Siehe Owen Jones, «Israel is clear about its intentions in Gaza», *The Guardian,* 24. Oktober 2023; https://www.theguardian.com/commentisfree/2023/oct/24/israel-gaza-world-leaders-un-genocide-palestinians.

17 Siehe «Which countries back South Africa's genocide case against Israel at ICJ?», *Al Jazeera,* 12. Januar 2024; https://www.aljazeera.com/news/2024/1/9/which-countries-back-south-africas-genocide-case-against-israel-at-icj.

18 Siehe Megan Specia, «Ireland to intervene in South Africa's Genocide case against Israel at the World Court», *New York Times,* 28. März 2024; https://www.nytimes.com/2024/03/28/world/middleeast/ireland-south-africa-israel-genocide-icj.html. Siehe auch «South Africa vs Israel: 13 other countries intend to join the ICJ case», *United Nations Regional Information Centre for Western Europe,* 10. Juni 2024; https://unric.org/en/south-africa-vs-israel-12-other-countries-intend-to-join-the-icj-case/.

19 Siehe Mark Landler, «‹Erase Gaza›: War Unleashes Incendiary Rhetoric in Israel», *New York Times,* 15. November 2023; https://www.nytimes.com/2023/11/15/world/middleeast/israel-gaza-war-rhetoric.html.

20 Siehe Olivia Flasch, «Rebutting Allegations of Genocide against Israel», *European Journal of International Law,* 10. Januar 2024; https://www.ejiltalk.org/rebutting-allegations-of-genocide-against-israel/. Siehe auch Amichai Cohen und Yuval Shany, «Selective Use of Facts and the Gaza Genocide Debate», *Just Security,* 2. Januar 2024; https://www.justsecurity.org/90939/selective-use-of-facts-and-the-gaza-genocide-debate.

21 So der Text eines Graffitis am Rathaus Tiergarten in Berlin. Siehe «Brandstiftung am Rathaus Tiergarten in Berlin», *Tagesspiegel,* 12. Mai 2024; https://www.tagesspiegel.de/berlin/brandstiftung-am-rathaus-tiergarten-in-berlin-drohungen-mit-gaza-bezug-auf-fassade-gespruht-11637866.html.

22 Zitiert nach Laza Berman, «Israel livid as Brazil's Lula says Israel like ‹Hitler›, committing genocide in Gaza», *The Times of Israel,* 18. Februar 2024; https://www.timesofisrael.com/israel-livid-as-brazils-lula-says-israel-like-hitler-committing-genocide-in-gaza.

23 Siehe Danielle Pletka, «Israel Is Not Committing ‹Genocide› in Gaza», *National Review,* 20. April 2024; https://www.aei.org/op-eds/israel-is-not-committing-genocide-in-gaza.

24 Dave Rich, «The 7 October Hamas attack opened a space – and antisemitism filled it», *The Guardian*, 16. Mai 2024; https://www.theguardian.com/commentisfree/article/2024/may/16/7-oct-hamas-attack-antisemitism-british-jews-jewish-gaza.

25 Zitiert nach «Palestine Highlights», X, 7. Mai 2024; https://x.com/PalHighlight/status/1787852516463435851.

26 Guterres, zitiert nach Lorne Cook, «UN chief urges EU to avoid ‹double standards› over Gaza and Ukraine», *The Independent*, 21. März 2024; https://www.independent.co.uk/news/gaza-ap-palestinians-ukraine-antonio-guterres-b2516487.html. Sanchez, zitiert nach «Sánchezpide a la OTAN que exija respeto a la ley internacional en Gaza igual que enUcrania, sin ‹dobles raseros›», *El Pais*, 10. Juli 2024; https://elpais.com/espana/2024-07-10/sanchez-pide-a-la-otan-que-exija-respeto-a-la-ley-internacional-en-gaza-igual-que-en-ucrania-sin-dobles-raseros.html.

27 Zitiert nach «Ahmed», X, 7. Mai 2024; https://twitter.com/ASE/status/1787768876710732037.

28 Siehe Iqbal Jassat, «War on Gaza is to liquidate Palestinians' lives», *Muslim Views*, 26. Oktober 2023; erschienen auf www.muslimviews.co.za (Text wurde von der Website entfernt). Siehe auch Khaled A. Beydoun, *The New Crusades: Islamophobia and the Global War on Muslims* (Berkeley 2024).

29 Siehe Joseph Carter, Shiraz Maher und Peter R. Neumann, *#Greenbirds: Measuring Importance and Influence in Syrian Foreign Fighter Networks* (London 2014); https://icsr.info/wp-content/uploads/2014/04/ICSR-Report-Greenbirds-Measuring-Importance-and-Influence-in-Syrian-Foreign-Fighter-Networks.pdf. Siehe auch Jack Moore, «London Attacker Followed ISIS Recruiter and Radical U.S. Preacher Ahmad Musa Jibril», *Newsweek*, 6. Juni 2017; https://www.newsweek.com/london-bridge-attacker-followed-radical-preacher-isis-recruiter-online-youtube-620682.

30 Zitiert nach «Sheikh Ahmad Musa Jibril», X, 14. Dezember 2023; https://twitter.com/sh_Ahmad_Jibril/status/1735444236059754976.

31 Ebd.

32 Ebd.

33 Siehe «Our Narrative. Operation al-Aqsa Flood», *Hamas Media Office*, Januar 2024; https://www.palestinechronicle.com/wp-content/uploads/2024/01/PDF.pdf. Für eine Übersicht der Statements verschiedener Hamas-Vertreter siehe «Hamas in their own words since the 7 October Attacks», *MEMRI*, 28. Dezember 2023; https://www.memri.org/reports/hamas-their-own-words-october-7-attack.

34 Diese werden vom iranischen Regierungskanal Press TV täglich dokumentiert. Siehe zum Beispiel «Press TV», X, 11. Mai 2024; https://twitter.com/PressTV/status/1789639740456685690.

35 Siehe Mina al-Lami, «How jihadists are seeking to exploit Israel-Gaza war», *BBC Monitoring*, 17. Oktober 2024.

36 Siehe Steven Humphrys, «How al-Qaeda propaganda seized on Gaza conflict», *BBC Monitoring,* 19. Dezember 2023.

37 Zitiert nach «Jihad for the Sake of Allah is the Solution», *Al Sahab,* Dezember 2023. Siehe «Open Source Jihad: Restore Palestina», *Al Sahab,* Februar 2024. Siehe auch «Al-Qaeda's ‹Inspire› video urgens attacks in the West to avenge Gaza», *BBC Monitoring,* 29. Dezember 2023; «Al-Qaeda calls for ‹lone jihad› in the West to avenge Gaza», *BBC Monitoring,* 8. Februar 2024.

38 Siehe «Practical Steps to Fight the Jews», *al-Naba,* 19. Oktober 2024. Siehe auch al-Lami, «How jihadists are seeking».

39 Abu Hudayfah, «And Kill Them Wherever You Find Them: English Translation of the Audio Statement of the Official Spokesman of the Islamic State», *Islamic State,* Januar 2024. Siehe auch «IS leadership issues first message on Gaza war», *BBC Monitoring,* 4. Januar 2024.

40 Die Vergleichsgröße hier sind Zahlen über verstorbene Auslandskämpfer. Siehe Joana Cook und Gina Vale, *From Daesh to «Diaspora»: Tracing the Women and Minors of Islamic State* (London 2018), S. 16.

41 Nach Angaben des US-Verteidigungsministeriums befanden sich 2023 zehntausend IS-Verdächtige in syrischen Gefangenenlagern; im Irak waren es sogar zwanzigtausend. Siehe «Statement for the Record: General Michael ‹Erik› Kurilla, Commander, US Central Command, before the Senate Armed Services Committee», *U. S. Central Command,* 13. März 2023, S. 7; https://www.armed-services.senate.gov/imo/media/doc/Kurilla_SASC_Posture_Final_141200March2023.pdf.

42 Siehe «From Global Jihad to Local Insurgencies: the Changing Nature of Sub-Saharan Jihadism», *IISS,* 6. Dezember 2023; https://www.iiss.org/de-DE/publications/armed-conflict-survey/2023/from-global-jihad-to-local-insurgencies/.

43 Wassim Nasr, «How Africa Has Become the Epicentre of Jihadist Activity», *OrientXXI,* 4. April 2023; https://orientxxi.info/magazine/isis-ten-years-of-steady-expansion-in-africa,6356.

44 Siehe Neumann, *Bluster. Donald Trump's War,* S. 89.

45 Die Literatur zur Geschichte und Bedeutung Khorasans ist umfangreich. Ein guter Anfangspunkt ist wahrscheinlich Rocco Rante (Hg.), *Greater Khorasan. History, Geography, Archaeology, and Material Culture* (Berlin 2015).

46 Antonio Giustozzi, *The Islamic State in Khorasan: Afghanistan, Pakistan and the New Central Asian Jihad* (London 2018), S. 19–25.

47 Lucas Webber und Ricardo Valle, «The Islamic State's Central Asian Contingents and Their International Threat», *Current Trends in Islamist Ideology,* 16. Oktober 2018; https://www.hudson.org/foreign-policy/islamic-states-central-asian-contingents-their-international-threat. Siehe auch Giustozzi, *The Islamic State,* S. 227.

48 Siehe Webber, «The Islamic State's».

49 Siehe Fazal Muzhary, «Why the Islamic State Is Too Weak in Afghanistan to Overthrow the Taliban», *Edward P. Djejerian Center for the Middle East Issue Brief*, 29. September 2022; https://www.bakerinstitute.org/research/why-islamic-state-afghanistan-too-weak-overthrow-taliban#_ednref10.

50 Siehe Webber, «The Islamic State's».

51 Aaron Y. Zelin, «ISKP Goes Global: External Operations from Afghanistan», *The Washington Institute PolicyWatch 3778*, 11. September 2023; https://www.washingtoninstitute.org/policy-analysis/iskp-goes-global-external-operations-afghanistan.

52 Zitiert nach Webber, «The Islamic State's».

53 Siehe ebd.

54 Gespräch mit Aymenn al-Tamimi, April 2024.

55 Siehe Fereshta Abbasi, «Attacks Target Afghanistan's Hazaras», *Human Rights Watch Dispatches*, 3. Mai 2024; https://www.hrw.org/news/2024/05/03/attacks-target-afghanistans-hazaras.

56 Dies ist eine vom IS und anderen dschihadistischen Organisation häufig zur Rechtfertigung der Gewalt zitierte Stelle aus dem Koran. Zur Erklärung siehe Mass L. Usuf, «‹Kill Them Wherever You Find Them› – A Misunderstood Quranic Verse», *Colombo Telegraph*, 27. Juni 2019; https://www.colombotelegraph.com/index.php/kill-them-wherever-you-find-them-a-misunderstood-quranic-verse.

57 Siehe zum Beispiel Friedrich Schmidt, «Wie Russland seine Arbeitsmigranten drangsaliert», *Frankfurter Allgemeine Zeitung*, 29. März 2024; www.faz.net/aktuell/politik/ausland/russlands-arbeitsmigranten-nach-anschlag-ungeliebt-aber-benoetigt-19620665.html.

58 Siehe «Russia says it neutralized ISIS cell plotting attack on Moscow synagogue», *Reuters*, 7. März 2024; https://www.reuters.com/world/europe/russia-says-it-neutralized-isis-cell-plotting-attack-moscow-synagogue-2024-03-07.

59 Erst im Januar 2024 griffen ISPK-Terroristen eine katholische Kirche in Istanbul an und töteten dabei eine Person. Siehe «Istanbul church attack: Gunmen kill one person during Sunday morning mass», *BBC News*, 28. Januar 2024; https://www.bbc.co.uk/news/world-europe-68122404. Bereits 2016 und 2017 kam es zu IS-Anschlägen in Istanbul – 2016 auf den Flughafen, 2017 auf einen Nachtclub –, die von Zentralasiaten durchgeführt wurden. Siehe Webber, «The Islamic State's».

60 Siehe Aaron Y. Zelin, «The Islamic State Hits Turkey after Years of Plotting», *The Washington Institute PolicyWatch 3834*, 30. Januar 2024; https://www.washingtoninstitute.org/policy-analysis/islamic-state-hits-turkey-after-years-plotting.

61 Daraus stammen auch die meisten der in diesem Abschnitt verwendeten Daten. Siehe Aaron Y. Zelin und Ilana Winter, «One Year of the Islamic State Worldwide Activity Map», *The Washington Institute PolicyWatch 3848*,

20. März 2024; https://www.washingtoninstitute.org/policy-analysis/one-year-islamic-state-worldwide-activity-map.

62 Ebd.; siehe auch Lucas Webber, Peter Smith und Colin Clarke, «Moscow attack signals broadening footprint of ISKP's Central Asia contingent», *Eurasianet*, 29. März 2024; https://eurasianet.org/moscow-attack-signals-broadening-footprint-of-iskps-central-asia-contingent.

63 Siehe «Peter R. Neumann», X, 23. März 2024; https://x.com/PeterRNeumann/status/1771531473587204563.

64 Gespräch mit Vertreter deutscher Sicherheitsbehörde, Mai 2024.

65 Gespräch mit Vertretern von deutschen, österreichischen und niederländischen Sicherheitsbehörden, April und Mai 2024.

66 Siehe Vera Minerova, *From Freedom Fighters to Jihadists. Human Resources of Non-State Armed Groups* (Oxford 2019), S. 106, 130, 136, 167.

67 Gespräch mit Vertretern von deutschen, österreichischen und niederländischen Sicherheitsbehörden, April und Mai 2024.

68 Siehe «Italy's police arrest a Tajik man suspected of Islamic State membership at Rome airport», *AP News*, 8. April 2024; https://apnews.com/article/italy-islamic-state-gaza-tajik-42761fab9d9040bd4a3bb85718b0d9fc?utm_source=copy&utm_medium=share.

69 Von ihrem Online-Magazin *Voice of Khorasan* sind bereits über dreißig Ausgaben erschienen.

70 Quellen [Tabellenzeile]

[1] «Urteil in dem Verfahren gegen tadschikische ‹Zelle› der ausländischen terroristischen Vereinigung ‹Islamischer Staat (IS)›», *Oberlandesgericht Düsseldorf*, 31. Mai 2022; https://www.olg-duesseldorf.nrw.de/behoerde/presse/Archiv/Pressemitteilungen_aus_2022/20220531_PM_Urteil-tadschikische-_Zelle_/index.php.

[2] «Warum die IS-Terrorgefahr steigt», *Tagesschau*, 27. April 2023; https://www.tagesschau.de/investigativ/wdr/islamischer-staat-afghanistan-taliban-terror-deutschland-100.html.

[3] «Anklage gegen sieben mutmaßliche Mitglieder einer islamistischen terroristischen Vereinigung erhoben», *Der Generalbundesanwalt*, 24. April 2024; https://www.generalbundesanwalt.de/SharedDocs/Pressemitteilungen/DE/2024/Pressemitteilung-vom-24-04-2024-2.html.

[4] «German officials detain 3 more suspects in connection with a Cologne Cathedral attack threat», *Associated Press*, 31. Dezember 2023; https://apnews.com/article/germany-cologne-cathedral-threat-detention-extremism-282b5967185cc54fc02d1970371d07c4.

[5] «Germany detains two IS suspects over Swedish attack plan», *Deutsche Welle*, 19. März 2024; https://www.dw.com/en/germany-detains-two-is-suspects-over-swedish-attack-plan/a-68614495.

71 Siehe Peter R. Neumann, «Was wir über Radikalisierung wissen – und was nicht», in Jana Kärgel (Hg.), *«Sie haben keinen Plan B»: Radikalisierung,*

Ausreise, Rückkehr – zwischen Prävention und Intervention (Bonn 2017), S. 47f.

72 Siehe Neumann, *Die neuen Dschihadisten*, S. 23f.

73 Marc Sageman, *Understanding Terror Networks* (Philadelphia 2011), S. 157.

74 Siehe Chamin Herath und Joe Whittaker, «Online Radicalisation: Moving Beyond a Simple Dichotomy», *Swansea University*, undatiert; https://cronfa.swan.ac.uk/Record/cronfa58457/Download/58457__21286__87d12a54e7884c2bbde8a2abee81375f.pdf.

75 Siehe Rosie Mutton, James Lewis und Sarah Marsden, «Online Radicalisation: A Rapid Review of the Literature», *CREST*, Juli 2023; https://crestresearch.ac.uk/resources/online-radicalisation-a-rapid-review-of-the-literature. Siehe auch Thomas Hegghammer, «Can You Trust Anyone on Jihadi Internet Forums», in Diego Gambetta und Thomas Hegghammer (Hg.) *Fight, Flight, Mimic. Identity Mimicry in Conflict* (Oxford, 2024), S. 50-89.

76 Drew Harwell, «TikTok was slammed for its pro-Palestinian hashtags. But it's not alone», *Washington Post*, 13. November 2023; https://www.washingtonpost.com/technology/2023/11/13/tiktok-facebook-instagram-gaza-hastags.

77 Harmeet Kaur, «Palestinians are documenting the war for millions on social media. Their followers have come to see them as family», *CNN*, 19. Januar 2024; https://edition.cnn.com/2024/01/19/world/palestinians-x-tiktok-instagram-gaza-cec/index.html.

78 Arvind Narayanan, «What is algorithmic amplification and why should we care?», *AI Snake Oil*, 15. März 2023; https://www.aisnakeoil.com/p/what-is-algorithmic-amplification. Siehe auch Erik Carter, «Lawmakers target Big Tech ‹Amplification›. What does that mean?», *New York Times*, 1. Dezember 2021; https://www.nytimes.com/2021/12/01/technology/big-tech-amplification.html. Siehe auch Karen Hao, «The Facebook whistleblower says its algorithms are dangerous. Here's why», *MIT Technology Review*, 5. Oktober 2021; https://www.technologyreview.com/2021/10/05/1036519/facebook-whistleblower-frances-haugen-algorithms.

79 Joe McKendrick, «Artificial Intelligence May Amplify Bias, But It Fights It As Well», *Forbes*, 29. April 2023; https://www.forbes.com/sites/joemckendrick/2023/04/29/artificial-intelligence-not-only-amplifies-bias-but-fights-it-as-well/; https://knightcolumbia.org/blog/tiktoks-secret-sauce.

80 «Misinformation about the Israel-Hamas war is flooding social media. Here are the facts», *Associated Press*, 30. Oktober 2023; https://apnews.com/article/israel-hamas-gaza-misinformation-fact-check-e58f9ab8696309305c3ea2bfb269258e. Siehe auch Marianna Spring, «Who's behind Israel-Gaza disinformation and hate online?», *BBC News*, 15. Oktober 2023; https://www.bbc.co.uk/news/world-middle-east-67114313.

81 Julia Ebner, *Radikalisierungsmaschinen. Wie Extremisten die neuen Technologien nutzen und uns manipulieren* (Berlin 2020).

82 Siehe Jacob Sweet, «The Israel-Palestine Debate, on TikTok», *The New Yorker,* 28. November 2023, https://www.newyorker.com/culture/rabbit-holes/the-israel-palestine-debate-on-tiktok.

83 Gespräche mit Vertretern von Sicherheitsbehörden, April und Mai 2024. Zu Discord siehe Jacob Guhl, «Alt-platform Discord, a haven for Islamist and Catholic extremist activity», *ISD Global,* 19. Mai 2023; https://www.isdglobal.org/digital_dispatches/case-study-alt-platform-discord-havens-islamist-and-catholic-extremist-activity.

84 Siehe Quintan Wiktorowicz, *Radical Islam Rising: Muslim Extremism in the West* (London 2005).

85 «Mohammed Hijab», undatiert; https://mohammedhijab.com/about-hijab.

86 «Mohammed Hijab», *YouTube,* undatiert; https://www.youtube.com/@MohammedHijab.

87 Zitiert nach «The Month of Hate: Antisemitism and Extremism during the Israel-Gaza conflict», *CST Research Briefing,* 2021, S. 21; https://cst.org.uk/public/data/file/4/a/The_Month_of_Hate.pdf.

88 Zitiert nach Shankhyaneel Sarkar, «Who is Mohammed Hijab? ‹Public speaker› with an anti-Semitic Past and His Role in Leicester Unrest», *News 18,* 21. September 2022; https://www.news18.com/news/world/who-is-mohammed-hijab-public-speaker-with-an-anti-semitic-past-and-his-role-in-leicester-unrest-6003085.html.

89 Guy Dampier, «Islamist YouTubers Take to Leicester's Streets», *Unherd,* 23. September 2022; https://unherd.com/newsroom/islamist-youtubers-take-to-leicesters-streets.

90 Zitiert nach «Salafistische Influencer auf TikTok: ‹Wir vertreten den richtigen Islam!›», *Y-Kollektiv,* 25. August 2022; https://www.youtube.com/watch?v=37h7-Ydbf-w.

91 Siehe «Raheem Boateng: Dieser 25-jährige Hamburger ist der Popstar der Islamistenszene», *Morgenpost,* 10. April 2024; https://www.mopo.de/hamburg/raheem-boateng-dieser-25-jaehrige-hamburger-ist-der-popstar-der-islamistenszene.

92 Siehe Jörn Lauterbach, «Einführung des Kalifats sei ja ‹nur› auf den Nahen Osten bezogen, sagt Boateng», *Welt,* 13. Mai 2024; https://www.welt.de/regionales/hamburg/article251470452/Muslim-Interaktiv-Neuauflage-der-Hamburger-Islamisten-Kundgebung-zwischen-Rechtfertigung-und-Anklage.html.

93 Natürlich hat auch diese eher konservative Methodik Einschränkungen. Die erste – und offensichtlichste – ist, dass es in den meisten Fällen um laufende Verfahren geht, die zum Zeitpunkt der Drucklegung noch nicht abgeschlossen waren. Es kann also sein, dass sich der jeweilige Sachverhalt am Ende der jeweiligen Prozesse anders darstellt als zunächst berichtet. Hinzu kommt, dass jedes Land bei Terrorismusverfahren unterschiedliche Festnahme- und Veröffentlichungsstrategien verfolgt, was bedeutet,

dass einige Staaten überrepräsentiert sind, während andere überhaupt nicht vorkommen. Die Tabelle ist deshalb als Momentaufnahme und als Annäherung an aktuelle Entwicklungen zu verstehen.

94 Die Methodik der jährlichen «Europol Terrorism Situation & Trend Reports» ist zwar etwas anders, und auch der geografische Bezugsraum stimmt nicht komplett überein (Großbritannien ist Teil der vorgelegten Tabelle, osteuropäische EU-Mitgliedsstaaten sind es nicht), doch die darin enthaltenen Zahlen sind ein guter, wenn nicht sogar der einzige verfügbare Referenzpunkt. Die prinzipielle Vergleichbarkeit zeigt sich auch an einem ähnlichen Verhältnis von durchgeführten zu versuchten Anschlägen, was in Europol-Reports durchschnittlich bei 3 und in der vorgelegten Tabelle bei 3,5 liegt. Siehe https://www.europol.europa.eu/publications-events/main-reports/tesat-report.

95 Edwin Bakker, «Jihadi terrorists in Europe», *Cingendael – Netherlands Institute of International Relations*, Dezember 2006, S. 41; https://www.clingendael.org/sites/default/files/pdfs/20061200_cscp_csp_bakker.pdf.

96 John Horgan et al., «A New Age of Terror? Older Fighters in the Caliphate», *CTC Sentinel*, 10 (5) (2017); https://ctc.westpoint.edu/a-new-age-of-terror-older-fighters-in-the-caliphate.

97 Siehe Eric Schmitt, «ISIS Followers in the U. S. Are Diverse and Young», *New York Times*, 1. Dezember 2015; https://www.nytimes.com/2015/12/02/us/politics/56-arrests-in-us-this-year-related-to-isis-study-says.html.

98 Gespräch mit Vertretern europäischer Sicherheitsbehörden, April 2024.

99 Emily A. Vogels, Risa Gelles-Watnick und Navid Massarat, «Teens, Social Media and Technology 2022», *Pew Research Center*, 10. August 2022; https://www.pewresearch.org/internet/2022/08/10/teens-social-media-and-technology-2022.

100 Siehe Patrik Hermansson, David Lawrence, Joe Mulhall und Simon Murdoch, *The International Alt-Right: Fascism for the 21st Century?* (London 2020).

101 Lewys Brace, Stephan Baele und Debbie Ging, «Where do ‹mixed, unclear, and unstable› ideologies come from?», *Journal of Policing, Intelligence and Counter-Terrorism*, 19 (2) (2024), S. 103–124. Siehe auch «IntelBrief: The Counterterrorism Challenge of ‹Salad Bar› Ideologies», *The Soufan Center*, 29. März 2021; https://thesoufancenter.org/intelbrief-2021-march-29.

102 Gespräch mit Vertretern von europäischen Sicherheitsbehörden, April und Mai 2024.

103 Gespräch mit Omar Haijawi-Pirchner, April 2024.

104 Siehe Lorenzo Vidino, Francesco Marone und Eva Entenmann, «Fear Thy Neighbor. Radicalization and Jihadist Attacks in the West», *ICCT und GWU Program on Extremism*, 2017, S. 77–100; https://extremism.gwu.edu/sites/g/files/zaxdzs5746/files/FearThyNeighbor%20RadicalizationandJihadistAttacksintheWest.pdf.

105 Siehe «Projet d'attentat à Bruxelles: précisions du Parquet fédéral après des arrestations en France», *RTBF*, 6. März 2024; https://www.rtbf.be/article/projet-dattentat-a-bruxelles-precisions-du-parquet-federal-apres-des-arrestations-en-france-11340014. Siehe auch «Trois mineurs suspectés d'avoir des liens avec l'extrémisme djihadiste arrêtés en Suisse romande», *RTS*, 16. März 2024; https://www.rts.ch/info/regions/2024/article/trois-mineurs-suspectes-d-avoir-des-liens-avec-l-extremisme-djihadiste-arretes-en-suisse-romande-28438655.html. Siehe auch «Four arrested teenagers were planning terror attack on Brussels concert venue», *Brussels Times*, 4. März 2024; https://www.brusselstimes.com/brussels/950910/four-arrested-teenagers-were-planning-terror-attack-on-brussels-concert-venue. Siehe auch «Attentat déjoué à Bruxelles: trois adolescents interpellés en France», *Agence France-Presse*, 6. März 2024; https://www.vrt.be/vrtnws/fr/2024/03/06/attentat-dejoue-a-bruxelles-trois-adolescents-qui-auraient-ete.

106 Siehe «Jugendliche wegen Terrorverdachts festgenommen», *Tagesschau*, 12. April 2024; https://www.tagesschau.de/inland/terrorverdacht-jugendliche-100.html. Siehe auch «Schaffhauser Jugendliche (15, 16) wegen Terrorverdachts in U-Haft», *Blick*, 13. April 2024; https://www.blick.ch/news/mutmassliche-is-unterstuetzer-schaffhauser-jugendliche-wegen-terrorverdachts-in-u-haft-id19632995.html. Siehe Zeev Avrahami, «Machetes in home of German teen plotting ISIS attack», *Ynet*, 12. April 2024; https://www.ynetnews.com/article/hj9sxtugc.

107 Ich danke Tore Bjørgo für diesen Hinweis. Siehe auch «Terrorverdacht gegen Jugendliche: Anschlag mit Bomben geplant», *WDR, 3. Mai 2024;* https://www1.wdr.de/nachrichten/landespolitik/terrorismus-jugendliche-anschlagsplaene-bomben-bericht-100.html.

108 Quellen [Tabellenzeile]

[1] «French prosecutor says alleged attacker in school stabbing declared allegiance to Islamic State», *Associated Press*, 17. Oktober 2023; https://apnews.com/article/france-islamic-state-school-attack-paris-1accebb8701a125dbd896a98d6b0a85f.

[2] «Moroccan asylum seeker guilty of murdering stranger in rampage told officers it was ‹for the people of Gaza›», *Sky News*, 25. April 2024; https://news.sky.com/story/moroccan-asylum-seeker-guilty-of-murdering-stranger-in-rampage-told-officers-it-was-for-the-people-of-gaza-13122554.

[3] «Tunisian jihadist Abdesalem Lassoued's journey through Europe», *Le Monde*, 20. November 2023; https://www.lemonde.fr/en/le-monde-africa/article/2023/11/20/tunisian-jihadist-abdesalem-lassoued-s-journey-through-europe_6273361_124.html.

[4] «Ils voulaient punir ceux qui offensent l'islam: un nouveau projet d'attentat déjoué par la DGSI», *Le Parisien*, 20. Oktober 2023; https://

www.leparisien.fr/faits-divers/ils-voulaient-punir-ceux-qui-offensent-lislam-un-nouveau-projet-dattentat-dejoue-par-la-dgsi-20-10-2023-6REA5VU5URE47DEFFEJLS7DLXQ.php.

[5] «Strasbourg: un adolescent armé d'un couteau arrêté près d'une synagogue», *Le Figaro,* 20. Oktober 2023; https://www.lefigaro.fr/faits-divers/strasbourg-un-adolescent-arme-d-un-couteau-arrete-pres-d-une-synagogue-20231020.

[6] «Germany: Duisburg police arrest terror suspect – reports», *Deutsche Welle,* 24. Oktober 2023; https://www.dw.com/en/germany-duisburg-police-arrest-terror-suspect-reports/a-67205403.

[7] «Messerangriff auf Weihnachtsmarkt geplant: Weiterer Mann mit Anschlagsplänen festgenommen», *Tagesspiegel,* 1. Dezember 2023; https://www.tagesspiegel.de/politik/islamist-plante-wohl-angriff-in-weihnachtszeit-weiterer-mann-mit-anschlagsplanen-festgenommen-10866094.html.

[8] «Verdächtiger soll Weihnachts-Terror geplant haben», *Bild,* 1. Dezember 2023; https://m.bild.de/news/inland/hamburg-aktuell/festnahme-in-helmstedt-iraker-soll-weihnachts-terror-geplant-haben-86286152.bildMobile.html?t_ref=https%3A%2F%2Fwww.google.com%2F.

[9] «Attentat à Paris: le parquet antiterroriste ouvre une enquête pour assassinat et tentative d'assassinat en relation avec une entreprise terroriste», *Le Monde,* 2. Dezember 2023; https://www.lemonde.fr/societe/article/2023/12/02/attaque-a-paris-une-personne-tuee-et-une-autre-blessee-l-assaillant-interpelle_6203579_3224.html.

[10] «Austria teen arrested for alleged plan to attack Vienna synagogue», *Jewish Telegraphic Agency,* 12. Dezember 2023; https://www.jta.org/2023/12/12/global/austrian-teen-arrested-for-alleged-plan-to-attack-vienna-synagogue?utm_source=ground.news&utm_medium=referral.

[11] «La policía desmonta una célula yihadista de adolescentes en Madrid y Barcelona», *El Periodico,* 19. Dezember 2023; https://www.elperiodico.com/es/politica/20231219/policia-detiene-tres-yihadistas-menores-edad-96047173.

[12] «Gefährder soll nach Österreich überstellt werden», *Tagesschau,* 15. Februar 2024; https://www.tagesschau.de/investigativ/wdr/koeln-dom-anschlagsplaene-100.html.

[13] «La Policía cree que el yihadista de 17 años detenido en Sevilla iba a atentar ya en su instituto: ‹Hoy se han salvado vidas›», *El Mundo,* 23. Januar 2024; https://www.elmundo.es/espana/2024/01/23/65aecc49fc6c83ab488b45b5.html.

[14] «Un homme inculpé à Anvers: ‹Il voulait attaquer des institutions juives›, confirme le ministre de la Justice», *RTL Info,* 14. Januar 2024; https://www.rtl.be/actu/belgique/societe/un-homme-inculpe-anvers-

il-voulait-attaquer-des-institutions-juives-confirme-le/2024-01-14/article/626556.
[15] «Angriff auf orthodoxen Juden in Zürich: Das ist bekannt», *SRF*, 4. März 2024; https://www.srf.ch/news/schweiz/50-jaehriger-niedergestochen-angriff-auf-orthodoxen-juden-in-zuerich-das-ist-bekannt.
[16] «Trois adolescents arrêtés en France dans le cadre d'un projet d'attentat islamiste déjoué en Belgique», *Le Monde*, 6. März 2024; https://www.lemonde.fr/societe/article/2024/03/06/trois-adolescents-arretes-en-france-dans-le-cadre-d-un-projet-d-attentat-islamiste-dejoue-en-belgique_6220305_3224.html. Siehe auch «Projet d'attentat déjoué visant le Botanique à Bruxelles: un mineur arrêté pour suspicion de terrorisme», *RTBF*, 14. März 2024; https://www.rtbf.be/article/projet-dattentat-dejoue-visant-le-botanique-a-bruxelles-un-mineur-arrete-pour-suspicion-de-terrorisme-11344330.
[17] «Un fanatique de Daech qui projetait une attaque contre une église mis en examen», *Le Parisien*, 20. März 2024; https://www.leparisien.fr/faits-divers/un-fanatique-de-daech-qui-projetait-une-attaque-contre-une-eglise-mis-en-examen-20-03-2024-WNWU6PBN3FGHLN2KEW3MGCDQBI.php.
[18] «Mutmaßliche Islamisten sollen Anschlag auf Schwedens Parlament geplant haben», *Der Spiegel*, 19. März 2024; https://www.spiegel.de/politik/deutschland/mutmassliche-islamisten-sollen-anschlag-auf-schwedens-parlament-geplant-haben-a-b6e3dc16-e4ab-4019-9a6a-3a9100773d49.
[19] «Lille: un adolescent de 14 ans mis en examen, soupçonné d'avoir projeté un attentat islamiste contre un centre commercial», *Le Figaro*, 22. März 2024; https://www.lefigaro.fr/faits-divers/lille-un-adolescent-de-14-ans-mis-en-examen-soupconne-d-avoir-projete-un-attentat-islamiste-contre-un-centre-commercial-20240322?utm_source=ground.news&utm_medium=referral.
[20] «Schaffhauser Jugendliche (15, 16) wegen Terrorverdachts in U-Haft», *Blick*, 13. April 2024; https://www.blick.ch/news/mutmassliche-is-unterstuetzer-schaffhauser-jugendliche-wegen-terrorverdachts-in-u-haft-id19632995.html. Siehe auch «Teenagers detained in Switzerland on suspicion of links with IS», *Deutsche Welle*, 14. April 2024; https://www.dw.com/ru/v-svejcarii-po-podozreniu-v-svazah-s-ig-zaderzany-podrostki/a-68813533.
[21] «Terrorisme: un adolescent de 16 ans arrêté, soupçonné de vouloir commettre un attentat pendant les JO», *Le Parisien*, 24. April 2024; https://www.leparisien.fr/faits-divers/terrorisme-arrestation-dun-adolescent-de-16-ans-soupconne-de-vouloir-commettre-un-attentat-pendant-les-jo-24-04-2024-5FCEZ7DOZ5F7PCKLFBUJB4T4BE.php.
[22] «18-Jähriger soll Messerangriff auf Synagogenbesucher geplant haben»,

Der Spiegel, 24. Mai 2024; https://www.spiegel.de/panorama/justiz/heidelberg-18-jaehriger-soll-messerangriff-auf-synagogenbesucher-geplant-haben-a-bd86a7e3-f731-42e6-8c6a-3ec2e42f9fd2?utm_source=ground.news&utm_medium=referral.

[23] «INFO RTL – Ils évoquaient des ‹projets d'attaques coordonnées› sur internet: deux jeunes de 15 et 18 ans interpellés et mis en examen», *RTL*, 17. Mai 2024; https://www.rtl.fr/actu/justice-faits-divers/info-rtl-ils-evoquaient-des-projets-d-attaques-coordonnees-sur-internet-deux-jeunes-de-15-et-18-ans-interpelles-et-mis-en-examen-7900385596.

[24] «Trial set over alleged plot to attack Jewish community», *BBC News*, 24. Mai 2024; https://www.bbc.co.uk/news/articles/cj77nyrl92no#:~:text=Two%20men%20who%20are%20accused,December%202023%20and%209%20May.

[25] «14-Jährige unter Terrorverdacht», *ORF*, 18. Mai 2024; https://steiermark.orf.at/stories/3257604/.

[26] «Un attentat ‹d'inspiration islamiste› visant une épreuve des JO a été déjoué à Saint-Etienne, annonce le ministère de l'intérieur», *Le Monde*, 31. Mai 2024; https://www.lemonde.fr/sport/article/2024/05/31/un-attentat-d-inspiration-islamiste-visant-une-epreuve-des-jo-a-ete-dejoue-a-saint-etienne-annonce-le-ministere-de-l-interieur_6236606_3242.html?utm_source=ground.news&utm_medium=referral.

[27] «Islamgegner Opfer von Messerattacke in Mannheim – Verletzter meldet sich aus Krankenhaus zu Wort», *RND*, 1. Juni 2024; https://www.rnd.de/panorama/mannheim-islamgegner-michael-stuerzenberger-opfer-von-messerattacke-staatsschutz-uebernimmt-IZWSYXA7JBKXRD6CBWBPGY7E2A.html.

109 Datum der Festnahme; bei durchgeführten Anschlägen: Datum des Anschlags.

110 Nina Svanberg und Katrin Krantz, «The theory: Gang criminals are recruited into Islamist terror», *Expressen*, 21. Mai 2024; https://www.expressen.se/nyheter/sverige/teorin-gangkriminella-varvas-till-islamistisk-terror.

111 Rina Bassist, «Mossad says Iran behind attacks on Israeli targets in Sweden, Belgium», *Al-Monitor*, 30. Mai 2024; https://www.al-monitor.com/originals/2024/05/mossad-says-iran-behind-attacks-israeli-targets-sweden-belgium.

112 Siehe Gillian Duncan, «Sweden says Iran using local gangs to target Israel and other states», *The National*, 31. Mai 2024; https://www.thenationalnews.com/news/europe/2024/05/31/sweden-iran-gangs-israel/?utm_source=twitter&utm_medium=socialsharebtn&related=TheNatWorld,NationalComment,LifeNationalUAE,NatSportUAE&via=TheNationalNews<.

113 Monika Bolliger, «Sollten Irans Revolutionswächter auf die EU-Terrorliste?», *Der Spiegel,* 31. Januar 2023; https://www.spiegel.de/ausland/iran-sollten-die-revolutionswaechter-auf-die-eu-terrorliste-was-dafuer-spricht-was-dagegen-a-9833a1e8-0873-4815-a75d-959589340000.

114 Siehe «No Israeli Embassy safe anymore, top Iranian general warns», *Tehran Times,* 7. April 2024; https://www.tehrantimes.com/news/496883/No-Israeli-embassy-safe-anymore-top-Iranian-general-warns.

115 Afshon Ostovar, *Vanguard of the Imam. Revolution, Politics, and Iran's Revolutionary Guards* (New York 2016), Kapitel 6.

116 Rapoport, *Waves of Global Terrorism,* S. 202 f.

117 Siehe Ofira Seliktar und Farhad Rezaei, *Iran, Revolution and Proxy Wars* (London 2020), S. 21–56.

118 Mit Unterbrechungen hat der Iran auch die marxistische Palästinensische Volksbefreiungsfront (PFLP) unterstützt. Siehe Hazem Balousha, «Iran Increases Aid to PFLP Thanks to Syria Stance», *Al-Monitor,* 17. September 2013; https://www.al-monitor.com/originals/2013/09/iran-pflp-gaza-palestine-syria.html##ixzz3GuZeTOzl. Siehe auch Ashley Lane, «Iran's Islamist Proxies in the Middle East», *The Wilson Center,* 12. September 2023; https://www.wilsoncenter.org/article/irans-islamist-proxies.

119 Siehe Peter R. Neumann und Joshua Kilberg, «Does Iran Want Another Lebanon?», *New York Times,* 8. September 2004; https://www.nytimes.com/2004/09/08/opinion/does-iran-want-another-lebanon.html.

120 Siehe Nikolay Kozhanov, «Russian-Iranian Relations through the Prism of the Syrian Crisis», *Insight Turkey,* 19 (4) (2017), S. 105–124.

121 Thomas Juneau, «How War in Yemen Transformed the Iran-Houthi Partnership», *Studies in Conflict and Terrorism,* 47 (3) (2024), S. 278–300.

122 Siehe Isaac Chotiner, «The Meaning of Qassem Suleimani's Death in the Middle East», *The New Yorker,* 3. Januar 2020; https://www.newyorker.com/news/q-and-a/the-meaning-of-qassem-suleimanis-death-in-the-middle-east.

123 Vali Nasr, *The Shia Revival. How Conflicts within Islam Will Shape the Future* (New York 2007).

124 Siehe «German authorities arrest a Lebanese man accused of procuring drone components for Hezbollah», *Associated Press,* 15. Juli 2024; https://abcnews.go.com/International/wireStory/german-authorities-arrest-lebanese-man-accused-procuring-drone-111952533. Siehe auch Oliver Moody and Fiona Hamilton, «The British activist accused of being a key Hamas ally», *The Times,* 22. Dezember 2023; https://www.thetimes.com/world/europe/article/british-accused-key-hamas-liason-europe-majed-al-zeer-r27grxzpp.

125 Siehe Maryam Sinaiee, «Iranian Regime's Influence Outlets in Europe Come Under Pressure», *Iran International,* 10. Mai 2023; https://www.iranintl.com/en/202305107393.

126 Gareth Browne, «Khamenei-linked cleric to head German Islamic centre», *The National*, 27. Juli 2018; https://www.thenationalnews.com/world/europe/khamenei-linked-cleric-to-head-german-islamic-centre-1.754639.

127 «Germany expels Iranian cleric over support for Shiite extremists», *Iran International*, 19. Juni 2022; https://www.iranintl.com/en/202206199642.

128 Gespräch mit Vertretern des Landesamtes für Verfassungsschutz Hamburg, April 2024.

129 Siehe Ben Riley-Smith, «Iran-linked terrorists caught stockpiling explosives in north-west London», *The Telegraph*, 9. Juni 2019; https://www.telegraph.co.uk/news/2019/06/09/iran-linked-terrorists-caught-stockpiling-explosives-north-west/.

130 Siehe Mia Bloom, *Dying to Kill: The Allure of Suicide Terror* (New York 2005), S. 24. Siehe auch Jeroen Gunning, *Hamas in Politics. Democracy, Religion, Violence* (London 2010).

131 Siehe Harriet Sherwood, «Hamas rules out military support for Iran in any war with Israel», *The Guardian*, 6. März 2012; https://www.theguardian.com/world/2012/mar/06/hamas-no-military-aid-for-iran. Siehe auch Harriet Sherwood, «Hamas and Iran rebuild ties three years after falling out over Syria», *The Guardian*, 9. Januar 2014; https://www.theguardian.com/world/2014/jan/09/hamas-iran-rebuild-ties-falling-out-syria. Siehe auch «Iran to ‹Renew Funding› for Hamas, Despite Trump's Riyadh Speech», *Newsweek*, 31. Mai 2017; https://www.newsweek.com/iran-renew-funding-hamas-despite-trumps-riyadh-speech-617996.

132 Siehe «Vereinsverbote», *Bundesministerium des Innern und für Heimat*, undatiert; https://www.bmi.bund.de/DE/themen/sicherheit/extremismus/vereinsverbote/vereinsverbote-node.html.

133 Siehe Michael Thaidigsmann, «Minister bestätigt: Hamas ist in Belgien aktiv», *Jüdische Allgemeine*, 13. Februar 2024; https://www.juedische-allgemeine.de/politik/minister-bestaetigt-hamas-ist-in-belgien-aktiv.

134 Jörg Diehl und Wolf Wiedmann-Schmidt, «Rostige Pistolen, Munition und ein Schnellfeuergewehr», *Der Spiegel*, 4. April 2024; https://www.spiegel.de/politik/deutschland/waffenfund-in-bulgarien-plante-die-hamas-anschlaege-auf-juden-in-europa-a-8b878768-5aaf-4b0b-9778-76bed9f160b3.

135 Zitiert nach James Rothwell et al., «Hamas plot to attack Jews across Europe is foiled», *The Telegraph*, 14. Dezember 2023; https://www.telegraph.co.uk/world-news/2023/12/14/hamas-plot-attack-jewish-sites-europe-foiled-police.

136 Hier galten dieselben Kriterien beziehungsweise Einschränkungen wie bei den vorigen Tabellen.

137 «Iran suspected of murder plot against Swedish Jews», *Sverige Radio*, 6. Februar 2022; https://sverigesradio.se/artikel/iran-suspected-of-murder-plot-against-swedish-jews.

138 Gespräch mit Arvin Koshnood, Mai 2024.

139 Siehe «Migration agency was warned – but suspected terror couple still got asylum», *Sverige Radio,* 6. Februar 2022; https://sverigesradio.se/artikel/migration-agency-was-warned-but-suspected-terror-couple-still-got-asylum.

140 Siehe Joanie Margulies, «Iranian agents suspected of targeting Jews arrested in Sweden, deported», *The Jerusalem Post,* 6. Februar 2024; https://www.jpost.com/breaking-news/article-785432. Siehe auch Ahmed Rafat, «Why Sweden was silent about Iran's alleged assassination plots», *Kayhan Life,* 22. Februar 2024; https://kayhanlife.com/special-reports/analysis-why-sweden-was-silent-about-irans-alleged-assassination-plots.

141 Siehe «Fast drei Jahre Haft für Deutsch-Iraner nach Brandanschlag in Bochum», *Die Welt,* 19. Dezember 2023; https://www.welt.de/politik/deutschland/article249127040/Bochum-Fast-drei-Jahre-Haft-fuer-Deutsch-Iraner-nach-Brandanschlag.html. Siehe auch «‹Staatliche Stellen› planten Anschlag auf Bochumer Synagoge», *Der Tagesspiegel,* 20. März 2024; https://www.tagesspiegel.de/politik/geplanter-anschlag-in-bochum-auswartiges-amt-bestellt-irans-botschafter-ein-11399063.html. Siehe auch Jonas Mueller-Töwe, «Irans Staatsterror erreicht Deutschland», t-online, 20. Juni 2023; https://www.t-online.de/nachrichten/deutschland/innenpolitik/id_100194366/irans-staatsterror-in-deutschland-anschlaege-auf-juedische-einrichtungen-ermittlungen.html.

142 Siehe Zeev Avrahami, «Ex-boss in German biker gang: The IRGC operative ‹eliminated by Israel›», *Ynet,* 5. Januar 2024; https://www.ynetnews.com/article/hkvjellgr.

143 Zitiert nach «Iran Briefing», *Twitter,* 27. Mai 2024; https://twitter.com/irbriefing/status/1795183724490793176.

144 «Rocker-Boss aus NRW wohl im Iran erschossen», *WDR,* 1. Mai 2024; https://www1.wdr.de/nachrichten/ramin-y-iran-erschossen-100.html.

145 Siehe Colin P. Clarke und Michael Kenney, «Hamas Is Not ISIS – and the Comparison Itself Is Counterproductive», *Politico,* 21. November 2023; https://www.politico.com/news/magazine/2023/11/21/hamas-isis-are-not-the-same-00128107.

146 Quellen [Tabellenzeile]

[1] «The Iran terror trial verdict could forever change terror trials in Europe», *Atlantic Council,* 5. Mai 2021; https://www.atlanticcouncil.org/blogs/iransource/the-iran-terror-trial-verdict-could-forever-change-terror-trials-in-europe.

[2] «Mohammad Davoudzadeh Loloei, A Terror Plot and Lessons Europe Learned», *Iranwire,* 18. Mai 2021; https://iranwire.com/en/features/69570.

[3] «Iran suspected of murder plot against Swedish Jews», *Sveriges Radio,* 6. Februar 2022; https://sverigesradio.se/artikel/iran-suspected-of-murder-plot-against-swedish-jews.

[4] «Plea bargain offers glimpse into Azeri trial», *Kathimerini Cyprus*, 16. Februar 2022; https://knews.kathimerini.com.cy/en/news/plea-bargain-offers-glimpse-into-azeri-trial.

[5] «‹The Wedding›: Iranian spy plot to kill two news presenters in London uncovered by double agent», *ITV News*, 21. Dezember 2023; https://www.itv.com/news/2023-12-20/iran-spy-plot-to-kill-two-news-presenters-in-london-uncovered-by-double-agent.

[6] «Hell's Angels Gang Leader Accused of Coordinating Attacks on Jewish Targets on Behalf of Iranian Regime», *The Algemeiner*, 1. Dezember 2022; https://www.algemeiner.com/2022/12/01/hells-angels-gang-leader-accused-of-coordinating-attacks-on-jewish-targets-in-germany-on-behalf-of-iranian-regime.

[7] «Dismantling a terrorist network – Planned attacks on targets in Athens», *Kathimerini Greece*, 28. März 2023; https://www.kathimerini.gr/society/562343698/exarthrosi-tromokratikoy-diktyoy-schediaze-epitheseis-se-stochoys-stin-athina.

[8] «Mossad says it caught Cyprus terror plot assassin in Iran, airs clip of confession», *The Times of Israel*, 29. Juni 2023; https://www.timesofisrael.com/mossad-says-it-caught-cyprus-terror-plot-assassin-in-iran-airs-clip-of-confession.

[9] «Mossad says Iran behind attacks on Israeli targets in Sweden, Belgium», *Al-Monitor*, 30. Mai 2024; https://www.al-monitor.com/originals/2024/05/mossad-says-iran-behind-attacks-israeli-targets-sweden-belgium.

[10] «Iran Using Criminals in Sweden to Target Israeli, Jewish Interests», *Iran International*, 31. Mai 2024; https://www.iranintl.com/en/202405309211.

[11] «Iran Behind Attack on Israeli Embassies in NATO Countries», *Newsweek*, 30. Mai 2024; https://www.newsweek.com/iran-responsible-attacks-israeli-embassies-sweden-belgium-says-mossad-1906232.

147 Datum der Festnahme; bei durchgeführten oder teilweise durchgeführten Anschlägen: Datum des Anschlags.

Teil III – Bewährungsprobe für Europa

1 Siehe Peter R. Neumann und M. L. R. Smith, *The Strategy of Terrorism: How It Works and Why It Fails* (London 2009).

2 Gespräch mit Daniel Glaus, April 2024. Siehe auch Lynn Sachs, Thomas Sennhauser und Daniel Graf, «‹Ein Einzelgänger›: Jetzt sprechen Mitschüler des Messerstechers (15)», *20 Minuten*, 5. März 2024; https://www.20min.ch/story/taeter-ein-einzelgaenger-jetzt-sprechen-mitschueler-des-messerstechers-15-103057254.

3 Zitiert nach «Ahmed Ajil, PhD», *Twitter*, 5. März 2024; https://x.com/paqajil/status/1764955793932116020.

4 Siehe Community Security Trust, *Antisemitic Incidents 2023* (London 2024), S. 4.

5 Gespräch mit Gady Gronich, Mai 2024.

6 Gespräch mit Yael Landman, Mai 2024.

7 Ebd.

8 Gespräch mit Pinchas Goldschmidt, Mai 2024.

9 Zitiert nach Konrad Litschko, «Erkenne dieses Land nicht wieder», *tageszeitung*, 6. Dezember 2023; https://taz.de/Zentralratspraesident-ueber-Antisemitismus/!5974202.

10 Siehe Anna-Lena Ripperberger und Matthias Wyssuwa, «Noch ein ‹ernsthaftes Problem› für die Linkspartei», *Frankfurter Allgemeine Zeitung*, 18. November 2023; https://www.faz.net/aktuell/politik/inland/parteitag-die-linke-streitet-ueber-hamas-und-antisemitismus-19323109.html.

11 Zitiert nach Litschko, «Erkenne dieses Land».

12 Für eine Übersicht siehe Israelitische Kultusgemeinde, *Antisemitische Vorfälle 2023 in Österreich* (Wien 2024), S. 5, 24.

13 Community Security Trust, *Antisemitic Incidents 2023*, S. 4.

14 Gespräch mit Vertreter europäischer Sicherheitsbehörde, Mai 2024.

15 Siehe Candan Six-Sasmaz und Carl Exner, «Wie gefährlich sind Ex-IS-Kämpfer?», *ZDF heute*, 24. April 2024; https://www.zdf.de/nachrichten/politik/deutschland/radikalisierung-islamismus-bedrohung-100.html.

16 Siehe «Practical Steps», *al-Naba*.

17 Siehe Community Security Trust, *Antisemitic Incidents 2023*, S. 6.

18 Siehe RIAS, *Antisemitische Reaktionen auf den 07. Oktober* (Berlin 2023), S. 3; Israelitische Kultusgemeinde, *Antisemitische Vorfälle 2023*, S. 15.

19 Gespräch mit Benjamin Nägele, April 2024.

20 Siehe RIAS, *Antisemitische Reaktionen auf den 07. Oktober* (Berlin 2023), S. 13; Community Security Trust, *Antisemitic Incidents 2023*, S. 25f.

21 Gespräch mit Benjamin Steinitz, Mai 2024.

22 RIAS, *Antisemitische Reaktionen*, S. 15.

23 Ebd., S. 14.

24 Jonathan Lindenmaier, «‹Ganz neue Dimension erreicht›: Wie sich Antisemitismus auf TikTok verbreitet», *Augsburger Allgemeine*, 8. Dezember 2023; https://www.augsburger-allgemeine.de/politik/soziale-medien-ganz-neue-dimension-erreicht-wie-sich-antisemitismus-auf-tiktok-verbreitet-id68643346.html.

25 Gespräch mit Felix Klein, Mai 2024.

26 Gespräch mit Ariel Muzicant, April 2024.

27 Gespräch mit Yael Landman, Mai 2024.

28 Gespräch mit Gad Fischmann, April 2024.

29 «Lagebild: Auswirkungen des Krieges in Israel auf die jüdischen Gemeinden in Deutschland», *Zentralrat der Juden in Deutschland*, Dezember 2023; https://www.zentralratderjuden.de/fileadmin/user_upload/Lagebild/Zentralrat_Lagebild_Infografik.pdf.

30 Gespräch mit Yael Landman, Mai 2024.

31 Gespräch mit Gad Fischmann, April 2024.

32 Zitiert nach «Tommy Robinson News», *Telegram*, 22. Oktober 2024; https://tlgrm.eu/channels/@TommyRobinsonNews.

33 Zitiert nach «Britain First», *Telegram*, 8. Juni 2021; https://t.me/BritainFirst/15895.

34 Siehe Peter R. Neumann, *Logik der Angst. Die rechtsextreme Gefahr und ihre Wurzeln* (Berlin 2023), S. 127–131.

35 Zitiert nach ebd., S. 62f. Siehe auch Guillaume Faye, *Ethnic Apocalypse: The Coming European Civil War* (London 2019), S. 11.

36 Die Theorie vom «großen Austausch», nach der «autochthone» Bevölkerungen durch eine bewusste Strategie von «fremden» ersetzt werden, wird normalerweise dem französischen Publizisten Renaud Camus zugeschrieben. Sie taucht aber auch in zahlreichen anderen Schriften rechtsextremer Autoren auf und lässt sich in unterschiedlichen Formen und Varianten in der gesamten Geschichte des Rechtsextremismus wiederfinden. Siehe ebd., Kapitel 4.

37 Siehe Guillaume Faye, *The Colonisation of Europe* (London 2016).

38 Siehe «Ban the Koran in the Netherlands, says far-right leader Wilders», *Euronews*, 5. März 2017; https://www.euronews.com/2017/03/05/ban-the-koran-in-the-netherlands-says-far-right-leader-wilders.

39 Zitiert nach «Mr Wilders's Contribution to the Parliamentary Debate on Islamic Activism», *Groep Wilders*, 6. September 2007; https://web.archive.org/web/20080614074737/http://www.groepwilders.com/website/details.aspx?ID=44.

40 Zitiert nach «Gauland: ‹Verfasster Islam nicht mit Grundgesetz vereinbar›», *Frankfurter Allgemeine Zeitung*, 5. Mai 2019; https://www.faz.net/aktuell/politik/inland/afd-chef-gauland-verfasster-islam-nicht-mit-grundgesetz-vereinbar-16171578.html.

41 Siehe «Hunderte Strafanzeigen gegen Beatrix von Storch», *Frankfurter Rundschau*, 5. Januar 2019; https://www.fr.de/politik/hunderte-strafanzeigen-gegen-beatrix-storch-10990682.html.

42 Siehe Parker, «The Four Horsemen», S. 198f.

43 Rapoport, *Waves of Global Terrorism*, S. 269–306.

44 Siehe Steve Bruce, «The problems of ‹pro-state› terrorism: Loyalist paramilitaries in Northern Ireland», *Terrorism and Political Violence*, 4 (1) (1992), S. 67–88.

45 Rogert Eatwell, «Community Cohesion and Cumulative Extremism in Contemporary Britain», *Political Quarterly*, 77 (2) (2006), S. 204–216.

46 Siehe Sofia Lygren und Jacob Ravndal, «Why Reciprocal Intergroup Radicalisation Happened between Islamists and Anti-Islamists in Britain but not in Norway», *Terrorism and Political Violence*, 35 (2) (2023), S. 390–408.

47 Julia Ebner, *Wut. Was Islamisten und Rechtsextreme mit uns machen* (Darmstadt 2018).

48 Siehe Kevin Rawlinson, «Darren Osborne jailed for life for Finsbury Park mosque attack», *The Guardian*, 2. Februar 2018; https://www.theguardian.com/uk-news/2018/feb/02/finsbury-park-attack-darren-osborne-jailed.

49 Zitiert nach «Finsbury Park mosque attack hoped to kill Jeremy Corbyn», *BBC News*, 30. Januar 2018; https://www.bbc.com/news/uk-42875216.

50 Siehe Brenton Tarrant, «The Great Replacement», 15. März 2019.

51 Ralf Leonhard, «Zwei kleine Braune in Wien», *tageszeitung*, 15. März 2019; https://taz.de/Spende-des-Christchurch-Attentaeters/!5595858.

52 Tarrant, «The Great Replacement».

53 Zitiert nach Richard Hall und Lizzie Dearden, «Isis calls on followers to ‹take revenge› for New Zealand terror attack», *The Independent*, 19. März 2019; https://www.independent.co.uk/news/world/middle-east/isis-new-zealand-shooting-christchurch-mosque-attack-syria-a8829246.html.

54 Er wurde trotzdem zu einer lebenslangen Freiheitsstrafe verurteilt, weil er noch vor dem Anschlag auf die Moschee seine Stiefschwester erschossen hatte. Siehe Henrik Pryser Libell und Megan Specia, «Norway Mosque Attacker Gets 21-Year Sentence», *New York Times*, 11. Juni 2020; https://www.nytimes.com/2020/06/11/world/europe/norway-mosque-attacker-convicted.html.

55 Bjørna Tommelstad, Morten Hopperstad und Marthe Lien, «Politiet etter avhør: Ville skremme muslimer i Norg», *VG*, 17. August 2019; https://www.vg.no/nyheter/innenriks/i/6j84w8/politiet-etter-avhoer-ville-skremme-muslimer-i-norge.

56 Zitiert nach «Venner sier siktet 21-åring gjennomgikk en forandring den siste tiden», *NRK*, 11. August 2019; https://www.nrk.no/norge/venner-om-siktet-21-aring_-han-gjennomgikk-en-forandring-den-siste-tiden-1.14656678.

57 Zitiert nach Neumann, *Logik der Angst*, S. 36.

58 Ebd., S. 35f.

59 Zitiert nach ebd., S. 133.

60 Zitiert nach ebd.

61 Jonas Mueller-Töwe, «Bundesanwaltschaft ermittelt gegen die ‹Atomwaffendivision›», *t-online*, 14. September 2020; https://www.t-online.de/nachrichten/deutschland/id_88530280/nach-drohungen-bundes anwaltschaft-ermittelt-gegen-die-atomwaffendivision-.html.

62 Zitiert nach Sven Röbel, Fidelius Schmid und Wolf Wiedemann-Schmidt, «‹Bock auf ein Massaker›», *Der Spiegel*, 13. November 2020; https://www.

spiegel.de/politik/deutschland/gruppe-s-mutmassliche-rechtsterroristen-von-generalbundesanwalt-angeklagt-a-86125f28-48cb-4c88-a7f0-634492 8e8bce.

63 Siehe Gregor Mayntz, «‹Brandgefährlich›», *Westfalenblatt*, 9. März 2020; https://www.westfalen-blatt.de/owl/kreis-minden-luebbecke/minden/brandgefahrlich-884458.

64 Siehe «Rechte Terrorzellen: Wie groß ist das Problem?», *Deutschlandfunk Kultur*, 17. Februar 2020; https://www.deutschlandfunkkultur.de/rechte-terrorzellen-wie-gross-ist-das-problem-100.html.

65 «EU Terrorism Situation and Trend Report», *Europol*, 2023, S. 24; https://www.europol.europa.eu/publication-events/main-reports/european-union-terrorism-situation-and-trend-report-2023-te-sat.

66 Siehe Sapna Maheshwari, «Videos about Bin Laden's Criticism of U.S. Surge in Popularity on TikTok», *New York Times*, 16. November 2023; https://www.nytimes.com/2023/11/16/technology/videos-bin-laden-letter-tiktok.html.

67 Siehe Thomas Hegghammer, «Resistance is Futile. The War on Terror Supercharged State Power», *Foreign Affairs*, September/Oktober 2021; https://www.foreignaffairs.com/articles/middle-east/2021-08-24/resistance-futile.

68 Siehe «Global Terrorism Index 2024», *Institute for Economics and Peace*, Februar 2024; https://www.economicsandpeace.org/wp-content/uploads/2024/02/GTI-2024-web-290224.pdf.